VIVRE DANS LE PROPHÉTIQUE

Russ Moyer

Avec préface par

JOSHUA MILLS

VIVRE DANS LE PROPHÉTIQUE
Copyright © 2020 par Russ Moyer
TOUS DROITS RÉSERVÉS

Ce livre ou ses parties ne peuvent être reproduites sous aucune forme sans d'abord en avoir reçu la permission par écrit de Eagle Worldwide Entreprises.

A moins que cela soit mentionné autrement, toutes les références Bibliques proviennent de la Bible Thompson qui a été publiée à l'origine en anglais sous le titre : Thompson Chain References Bible. Cette Bible a été publiée en anglais en 1983 (Nouvelle Version Internationale) par B.B. Kirkbride Bible Company, Indianapolis, Indiana. L'édition française est publiée en 1990 par les Éditions Vida, Floride, conjointement avec B.B. Kirkbride Bible Company.

La version française et tout le matériel d'étude Thompson a été réalisé par les Éditions Vida et représente la propriété intellectuelle exclusive de la maison d'édition. Ce matériel ne représente pas le point de vue théologique des propriétaires du texte biblique : L'Alliance biblique universelle et la Société biblique française.

Texte biblique de la Colombe et notes : Copyright 1978 de la Société biblique française.
Petite concordance de la Bible : Copyright 1989 aux Éditions Vida. Miami, Floride.
Dessins graphiques et cartes : Copyright 1989 aux Éditions Vida, Miami, Floride.

Graphisme de la couverture par Miguel Simon

Published by:

McDougal & Associates
18896 Greenwell Springs Road
Greenwell Springs, LA 70739
www.thepublishedword.com

McDougal & Associates est dédié à la propagation de l'Évangile du Seigneur Jésus-Christ à autant de personnes que possible dans le moins de temps possible.

ISBN: 978-1-7750528-8-3

Imprimé à la demande aux États-Unis, au Royaume-Uni et en Australie
Pour distribution mondiale

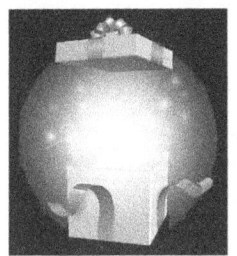

Présenté À :

Par :

En ce jour :

Message :

AVANT PROPOS
PAR JOSHUA MILLS

C'est un privilège de vous recommander le ministère de Dr. Russ Moyer et ce fantastique livre, *Vivre dans le prophétique*. J'ai rencontré Dr. Russ en 2003 et il est devenu mon mentor pour ma vie personnelle et le ministère. Il serait absolument impossible de décrire en détails son impact et l'onction qui a été relâchée dans ma vie, ma famille et le ministère à travers la parole prophétique toujours à point et la dimension puissante de révélation dans laquelle Dr. Russ vit et fait du ministère. Il a maintes fois déclaré une parole précise provenant du Seigneur et nous étions dans l'admiration de la voir s'accomplir des jours, des semaines, des mois et voire même des années plus tard.

J'ai souvent entendu Dr. Russ dire que sa vie et son ministère étaient dirigés par la révélation de Dieu à travers des visions, des rêves et la compréhension du prophétique. Dans ce livre, il commence à exposer les clés surnaturelles et pratiques que le Seigneur lui a données pour fonctionner dans son don inhabituel et unique.

Le Parole de Dieu déclare avec audace *«Vous pouvez tous prophétiser... »* (1 Corinthiens 14.31), et je crois que c'est l'esprit de ce livre. C'est un manuel pour tout croyant qui désire apprendre à opérer avec plus de puissance dans le prophétique. Dans chaque chapitre, vous allez acquérir une plus grande perspicacité et vous allez croître dans la connaissance du Ciel, afin de devenir un microphone pour Dieu sur la terre. Je crois sincèrement que vous irez de gloire en gloire à la lecture de ce livre.

J'ai voyagé autour du monde depuis plus de 20 ans, faisant du ministère dans des églises, des conférences et de grands évènements. J'ai parfois découvert que la voix prophétique était la plus incomprise et pourtant le plus puissant des outils que Dieu nous a donnés aujourd'hui. Les Écritures déclarent que Dieu ne fera rien sur la terre sans d'abord le révéler à travers une parole prophétique (Voir Amos 3.7). Dieu recherche des vaisseaux qui vont soumettre leurs esprits à l'Esprit de Révélation et qui vont commencer à transmettre avec enthousiasme des solutions précises et la sagesse remarquable qui est à leur disposition dans l'atmosphère prophétique.

Vous tenez dans vos mains un livre qui change une vie, qui est rempli de témoignages personnels, de compréhension biblique, de révélations divines et qui va vous guider dans l'arène où vous entendrez la voix de Dieu et serez un participant de cette dimension. Selon mon opinion, Dr. Russ Moyer a écrit une des plus grandes ressources prophétiques qu'il m'ait été donnée d'obtenir.

Je vous encourage à surligner, souligner et prendre des notes tout au long de votre lecture de ce livre parce que je crois que le Seigneur va commencer à vous parler d'une manière puissante. Attendez-vous à entendre sa voix. Anticipez

AVANT PROPOS PAR JOSHUA MILLS

sa gloire et soyez prêts pour *Vivre dans le prophétique !* C'est un livre que vous serez incapables de déposer tant que vous ne l'aurez pas terminé !

Dans Son Grand Amour,
Joshua Mills
International Glory Ministries
Palm Springs, California/London, ON, Canada
www.joshuamills.com

DÉDICACE

Je dédie ce livre aux nombreux fils et filles spirituels que Dieu a placés sur mon chemin. Il établit des connections en or et des alliances à travers des rendez-vous divins. Ma prière pour vous est que vous développiez votre don au niveau le plus fécond qui soit.

Je crois que vous êtes la génération prophétique que le Seigneur appelle pour ouvrir le chemin à sa seconde venue. Vous êtes la génération qui est appelée à souffler de la trompette à Sion, de sonner l'alarme. Que le Seigneur vous unisse ensemble en tant que guerriers et servantes de la fin des temps dans la foi qui transforme.

Que Dieu vous bénisse !

REMERCIEMENTS

Beaucoup de personnes ont contribué à ce livre, pas seulement ceux qui ont travaillé avec diligence pour que ce livre soit publié, mais aussi ceux qui, pendant plus de trente-cinq ans, ont été là pour moi alors que j'ai essayé de vivre ma vie au bord du prophétique :

- Les anciens employés de mes compagnies qui ont toutes été créées dans la puissance et l'esprit de révélation
- Les membres de Eagle Worldwide Network
- Les familles, ministères, églises et la direction de Eagle Worldwide Ministries
- Les mentors et pères spirituels prophétiques que Dieu a placés sur ma route (tels que Ruth Heflin, Paul Wetzel de Pensacola, Floride et Jane Lowder de Calvary Pentecostal Tabernacle and Campground in Ashland, Virginia). Ils ont reconnu et cru dans le don que Dieu avait placé dans mon cœur et dans ma vie

Il y en a beaucoup d'autres. J'aimerais en reconnaître certains en particulier pour leur contribution :

- Pasteur Patty Thorpe, mon administratrice, qui m'a aidé à publier le message de ce livre
- Miguel Simon, Vice-Président de Eagle Worldwide Ministries, qui a fait le graphisme de la couverture et qui a formaté Vivre dans le Prophétique pour l'envoyer à l'imprimeur
- Nelie Balandowich, qui m'a aidé à passer du format d'un enseignement à celui d'un livre
- Victoria Grassick, qui m'a fidèlement aidé en le relisant et par plusieurs autres projets
- Mon épouse, Mave, qui a parcouru tout ce chemin inhabituel avec moi. Je l'apprécie tellement. Elle possède un immense degré de tolérance qui est nécessaire lorsque tu es appelé à marcher avec quelqu'un qui essaie d'être guidé par l'Esprit

ENDOSSEMENTS POUR
VIVRE DANS LE PROPHÉTIQUE

« Dr. Russ est un prophète des temps modernes. J'ai personnellement voyagé avec lui dans plusieurs endroits et expérimenté comment les messages contenus dans ce livre ont eu un impact sur des églises, des entreprises, des familles et des individus, par le fruit d'une transformation radicale.

À notre église, nous sommes reconnaissants envers Dr. Russ d'être venu partager ce message. Le Seigneur a mis le feu dans notre église et les signes, les prodiges ainsi que les miracles se sont produits à la suite de la prédication de ce message. Notre église a plus que doublé depuis que nous avons complètement adhéré à ce message. Ce livre a été conçu dans le cœur de Dieu.

AVEZ-VOUS FAIM ? Alors, lisez ce livre et découvrez les clés pour déverrouiller les révélations prophétiques pour votre vie. Apprenez à entendre la voix de Dieu pour vous-mêmes. Recevez une impartition fraîche des dons de l'Esprit. Je recommande grandement ce livre à tous ceux qui cherchent le réveil et un réel mouvement de Dieu. »

John Irving
Pastor, The Gathering Place
Aurora, Ontario

« Le livre de Dr. Russ Moyer, *Vivre dans le Prophétique*, va vous conduire dans une plus grande compréhension du prophétique. C'est une dimension qui n'est pas complètement comprise aujourd'hui dans l'église. Pourtant, Dr. Moyer accomplit un excellent travail en exposant cette dimension et en conduisant le lecteur dans une meilleure révélation de la puissance du prophétique. Après avoir lu ce livre, vous allez vous retrouver à *Vivre dans le Prophétique*. Que vous soyez bénis en lisant ce livre. »

Dr. Jane Lowder
Director of Calvary Campground
Ashland, VA

« Russ Moyer est l'homme le plus prophétique que je connaisse ! Il vit vraiment ce qu'il prêche et les choses qu'il écrit. Pour Russ, la dimension

Prophétique ne consiste pas seulement à déclarer, mais aussi à écouter attentivement pour entendre la voix de Dieu.

Si vous désirez aller plus en profondeur dans la dimension prophétique, ce livre est pour vous. Asseyez-vous aux pieds d'un homme qui connaît le cœur de Dieu et qui déclare une parole prophétique pour le Canada et les nations. »

Fred Bennett
Host of "The Bridge"
The Miracle Channel

« *Vivre dans le Prophétique*, écrit par le prophète Russ Moyer est un livre excitant. C'est un livre qui va vraiment vous conduire dans un périple à travers le prophétique. Toute personne qui est appelée dans le prophétique va être extrêmement bénie et instruite par ce livre, car il couvre et trace au complet le portrait de la dimension prophétique et de ce qu'est la vie dans le prophétique.

En tant que pasteur de Dr. Russ Moyer, j'ai été témoin de la première prophétie qu'il a délivrée et je l'ai vu vivre et grandir pour devenir le prophète qu'il est aujourd'hui. Je peux dire que Russ Moyer vit vraiment dans le prophétique et manifeste, dans sa vie personnelle et son ministère, chaque chapitre de son livre. Je suis vraiment heureux d'endosser le livre dans son intégralité. Je sais que vous allez en bénéficier grandement à mesure que vous le lirez et digérerez *Vivre dans le Prophétique*. »

Pasteur Paul Wetzel
Ancien Pasteur, Courts of Praise Fellowship
Pensacola, FL

« Bon produit ! *Vivre dans le Prophétique* est une excellente lecture pour ceux qui souhaitent comprendre la réalité et la fonction du vrai ministère prophétique dans l'Église, le marché du travail et dans le monde qui nous entoure. Russ Moyer décortique les éléments qui sont requis pour véritablement vivre à la fine pointe de ce que Dieu dit et fait aujourd'hui.

Je recommande ce livre à ceux qui veulent augmenter leur compréhension des vérités spirituelles et marcher dans la réalité de la Parole de Dieu. »

Charlie Robinson
Président, Revival Canada Christian Ministries

TABLES DES MATIÈRES

Avant-propos par Joshua Mills 5
Introduction 17

1. Vivre à la Limite 21
2. Le Protocole Prophétique 28
3. Le Comment, Quand, Où, Pourquoi et Pourquoi Pas du Prophétique 37
4. Entendre la Voix du Seigneur 45
5. Les Onze Canaux du Prophétique 60
6. Les Nombreux Dons de l'Esprit et Leur Fonction 70
7. Les Courants Prophétiques 87
8. Une Nouvelle Dimension de la Révélation du Royaume 92
9. Le Chant du Seigneur 100
10. La Poésie Prophétique 108
11. Proclamations et la Déclarations Prophétiques 117
12. Les Relations : le Prophète, les Gens et le Seigneur 123
13. Le Rôle de la Voix Prophétique sur le Marché du Travail ... 132
14. L'intercession Prophétique 140
15. Apprendre à Opérer dans la Dimension Visionnaire 147
16. Comprendre la Prophétie des Temps de la Fin 155

17. Pratiquer et Enseigner l'Adoration Prophétique 161
18. Votre Périple Prophétique vers Votre Destinée 168
19. Mon Propre Fardeau pour la Formation du Disciple et le Mentorat .. 183
20. Recevoir une Nouvelle Révélation Prophétique du Seigneur 190
21. Ce Temps et Cette Saison 197
22. L'Importance des Portes Spirituelles et des Leurs Gardiens 203
23. Où Sont Mes Élie ? 210

Bibliographie 216
Pour Contacter l'Auteur 217

INTRODUCTION

Vivre dans le Prophétique a d'abord pris naissance dans mon esprit lorsque je donnais des séries d'enseignements, en ligne, sur le prophétique. Le titre est une description de la vie que j'ai eue depuis 1977, lorsque le Seigneur a touché mon cœur et changé ma vie par une rencontre personnelle puissante. Mon épouse, Mave, dit que si tu ne vis pas au bord du prophétique, tu prends alors beaucoup trop de place dans le Royaume.

J'ai découvert que cette vie prophétique et l'appel prophétique me défient jusqu'à la limite de moi-même. Dieu nous appelle toujours dans des eaux plus profondes. Il est, comme nous le savons, « *le même hier, aujourd'hui, demain et éternellement,* » mais ses bénédictions se renouvellent « *chaque matin.* » Vivre une vie dans le prophétique est excitant au-delà de toute mesure, une vie de foi, guidée par l'Esprit.

L'Esprit nous appelle encore maintenant dans des endroits de plus en plus profonds. Pour chacun de ses enfants, mais particulièrement pour cette génération prophétique. C'est un abîme qui appelle un autre abîme.

J'ai été ordonné, entraîné et coaché dans mon don prophétique par Ruth Heflin, la puissante prophétesse apostolique de Dieu. Elle était une prophétesse pour les nations et elle a fait du ministère dans toutes les nations du monde avant son glorieux retour à la maison céleste en Septembre 2000. J'ai eu l'opportunité de passer presque toute cette dernière année avec Jane Lowder et de nombreux autres leaders prophétiques puissants à Calvary Pentecostal Tabernacle and Campground à Ashland, Virginia.

C'était l'époque d'un mouvement puissant de l'Esprit de Dieu et de nombreux visiteurs, provenant de nombreuses autres nations du monde, venaient au camp pour les réunions de l'hiver et de l'été pour voir les dons de l'Esprit et particulièrement la puissance de la prophétie en action. Cela était comme un souffle d'air frais pour moi. Je venais tout juste de terminer trois années à Pensacola, Floride au Brownsville Revival School of Ministry et j'avais aussi pu participer au grand déversement de l'Esprit de Pensacola. Malgré tout, le Seigneur m'avait parlé de manière audible et à travers des rêves et des visions, avec des confirmations prophétiques, que Ashland était la place où je devais aller pour avoir un mentor dans le prophétique.

Lorsque je suis arrivé sur le terrain du camp à Ashland, le Seigneur m'a dit, « Ceci est une terre sainte. » Il m'a dit que je venais tout juste d'entrer dans des eaux plus profondes et WOW, c'était le cas. J'ai appris beaucoup de choses au sujet de moi-même, de mon don et de mon appel dans les jours qui ont suivi.

Pendant plus de vingt années dans les affaires et le ministère, j'avais traversé un processus m'apprenant à entendre la voix de Dieu et à me soumettre à sa volonté. Cependant, cette première année à Ashland m'a donné l'occasion de voir la puissance de

INTRODUCTION

Dieu en action d'une manière pratique et de fraterniser avec d'autres personnes prophétiques.

Jusqu'à ce moment-là, je m'étais souvent demandé si je n'étais pas un peu étrange. Il m'était difficile parfois de m'intégrer dans le cadre chrétien et l'église typique. À Ashland, je me sentais à la maison. Le fait de voir, d'entendre et découvrir la puissance, la présence et la gloire de Dieu d'une manière aussi dramatique, a changé ma perspective Chrétienne. J'ai tellement appris.

Il y a deux choses en particulier que Pasteur Ruth a dit à cette époque et que j'ai retenues jusqu'à maintenant :

1. La première était : « Mon frère, si tu ne sais pas quoi dire, prophétise. Dieu sait toujours quoi dire. »

Dans ses livres *River Glory* et *Revelation Glory*, elle a parlé de la rivière de Dieu. Elle connaissait la rivière de Dieu, elle connaissait la gloire et elle savait comment entendre la voix du Seigneur. Elle marchait, parlait et vivait une relation avec lui. Ainsi, lorsque vous l'entendiez prophétiser, vous aviez l'impression que le Ciel était soudainement descendu sur terre.

2. La deuxième chose inoubliable qu'elle m'a dite : « Chaque fois que tu entres dans la Rivière de Dieu, tu entres dans un nouvel endroit de la rivière. »

J'écris *Vivre dans le Prophétique* dans le but que cette génération prophétique puisse trouver un endroit pour connecter et se sentir acceptée. Je crois que l'appel qu'il y a sur ma vie est d'élever et fortifier cette génération prophétique. Avant Ashland, je trouvais, dans ma propre vie, qu'il y avait un énorme vide d'instruction et d'enseignement pratique dans ce domaine pouvant me montrer comment exercer mon don dans tous les domaines de ma vie et mon ministère.

Une partie de mon appel est de restaurer le don prophétique et le ministère du prophète dans le Corps de Christ. À cette fin, cela doit être fait avec intégrité, le bon protocole et la compréhension de ce qu'est l'autorité spirituelle. Les pères et mères dans l'Esprit doivent se lever et prendre leur place légitime afin d'être des mentors pour cette communauté prophétique émergente.

Je crois, qu'en plus de l'enseignement que contient ce livre, il y aura une puissante impartition qui va se produire lorsque je prie à la fin de chaque chapitre et croyant que Dieu va vous fortifier en vous activant non seulement dans votre don et appel, mais aussi dans une vie prophétique afin que vous puissiez vous aussi découvrir ce que cela représente *Vivre dans le Prophétique*.

Russ Moyer
Canada and U. S. (Les États-Unis et le Canada)

Chapitre 1

VIVRE À LA LIMITE

Jérémie 29.11,
> *Je connais moi, les desseins que je forme à votre sujet – oracle de l'Éternel –, desseins de paix et non de malheur, afin de vous donner un avenir fait d'espérance.*

Dieu veut tous nous conduire dans un endroit qui nous fera *Vivre dans le Prophétique*, mais nous devons vouloir y aller. Le Seigneur ne vous a pas sauvés ou appelés pour vivre une vie médiocre, réchauffer un banc d'église ou vivre dans le statu quo. Son amour et ses plans pour nous sont bien plus grands que cela. Jérémie l'a déclaré.

Cela ne veut pas dire que ce sera facile. Cela exige toute une vie pour apprendre à entendre la voix de Dieu et lui obéir puisque ses voies ne sont pas nos voies. Ses voies sont beaucoup plus élevées que les nôtres. Par conséquent, il nous appelle en haut, au-delà du voile, afin que nous entrions dans une vie de foi. Dans ce chapitre, je veux vous expliquer ce que cela signifie de vivre dans le prophétique, de toutes les manières par notre foi.

Qu'est-ce que Dieu recherche en nous ? Il y a quelque chose d'unique que Dieu vous a donné. Son ADN est imprimé sur vous et il sait de quelles manières parler afin que vous le compreniez. Il ne parlera pas à quelqu'un d'autre de la manière dont il vous parle. Cependant, dans tout ce qu'il fait, il n'ira jamais à l'encontre de son caractère ou sa Parole.

Présentement, les murs des dénominations s'écroulent et Dieu élève un peuple qui est audacieux, équipé, qui entend sa voix et qui ne craint pas l'homme. Il élève un peuple qui va faire avancer son royaume et qui va faire venir son royaume sur la terre. Cela exige que nous amenions notre foi au-delà de nos limites. Il n'y a pas de limite en Dieu. Que le Seigneur ouvre les yeux de notre compréhension alors que nous nous occupons des affaires du Père.

Vivre dans le Prophétique…c'est vraiment de cela qu'il s'agit. Cela signifie de vivre dans l'Esprit, être dirigés par l'Esprit de Dieu. Romains 8.14 déclare :

Car tous ceux qui sont conduits pas l'Esprit de Dieu sont fils de Dieu.

La Bible nous dit aussi de vivre par l'Esprit et lorsque nous le faisons, nous n'accomplirons pas les désirs de la chair. (voir Galates 5.16).

Vivre dans le Prophétique… Je parle de la limite apostolique, sous l'onction qui brise, d'aller jusqu'à la limite, diriger et régner dans la plénitude de l'Esprit, en connaissant la puissance et l'autorité qui nous ont été données et de les utiliser jusqu'à la limite pour le royaume, dans le but d'étendre et faire avancer le royaume.

Lorsque nous arrivons au bout de nous-mêmes, nous arrivons à une place où l'homme peut rencontrer Dieu et cette place est appelée la foi. C'est cela vivre par la foi.

Ce n'est que par la foi que nous sommes justifiés. « *Le juste vivra par la foi* » et non pas en s'appuyant sur notre propre compréhension, mais en nous appuyant sur le Seigneur, vivant en accord avec sa Parole et vivant par l'Esprit.

Le terme royaume est un terme gouvernemental. Vous et moi devons savoir que nous ne sommes pas gouvernés par les puissances de ce monde, ni par les principes naturels établis dans la pensée de l'homme. Notre autorité vient d'une puissance plus élevée, une autorité plus élevée que n'importe quoi d'autre dans ce monde.

Lorsque les hommes ont interrogé Jésus à ce sujet, il leur dit que son royaume et son autorité n'étaient « *pas de ce monde* » (Jean 18.36). Lorsque ses disciples lui ont demandé de leur enseigner comment prier, il leur a donné la prière que nous appelons communément : La Prière du Seigneur. Dans ce modèle de prière, il a dit que nous devions prier ainsi, « *Que ton règne vienne ; que ta volonté soit faite sur la terre comme au ciel* » (Matthieu 6.10). Dieu veut que le Ciel touche la Terre afin d'étendre la domination du Roi. Vous et moi sommes appelés à être des ambassadeurs pour Jésus.

Myles Monroe a dit que le Saint-Esprit est le Gouverneur du royaume de Dieu sur terre. Il accroît son royaume et nous sommes ses agents, sa voix et ses mains sur la terre. Le cœur de Jésus était de faire uniquement ce qu'il voyait son Père faire et dire ce qu'il entendait son Père dire. Il ne faisait pas qu'entendre dans le naturel et il ne faisait pas que parler dans le naturel. Il pouvait entendre le Père par le pouvoir de l'Esprit.

Nous devons cesser de plier le genou devant les hommes et commencer à plier le genou devant le Roi des rois et le Seigneur des seigneurs. Le destin de l'Église est d'être dirigée par l'Esprit et vivre par l'Esprit. Quand je parle de l'Église, je ne parle pas d'une assemblée ou d'une dénomination. Nous sommes beaucoup plus large que cela. Nous sommes l'Église du Seigneur Jésus Christ.

Dans le Nouveau Testament, le livre des Actes parle des trois premières Églises ou assemblées. Il y avait l'Église de Jérusalem, l'Église d'Éphèse et l'Église d'Antioche. L'Église de Jérusalem fut disséminée à cause de la persécution. Seuls les apôtres sont restés à Jérusalem. Je crois qu'il y avait un dessein divin derrière cela. Dieu a envoyé ces croyants pour accomplir ses œuvres dans d'autres endroits. Si cela est vrai, pourquoi a-t-il laissé les apôtres à Jérusalem ? Je crois que c'était pour former un conseil.

Cela a fonctionné pour le mieux. S'il avait envoyé ces leaders aussi, ils auraient pu vouloir circoncire tous les nouveaux croyants mâles et en faire des Juifs avec les mêmes attitudes légalistes et religieuses. Cela aurait nuit au développement de l'Église. Nous devons nous assurer de ne pas faire la même chose aujourd'hui parce qu'il n'y a ni Juif ni Grec, ni esclave ni libre (voir Galates 3.28). Il n'est question que d'être un nouvel homme en Christ, d'abandonner les choses qui sont derrière et d'atteindre le but, le grand appel en Jésus-Christ.

Notre Dieu est un Dieu d'individualité et non un Dieu emporte pièce. Il ne veut pas que nous soyons tous semblables physiquement, habillés de la même manière et que nous parlions de la même manière. Il oint des personnes comme vous et moi ; qui ne sont pas reconnues que ce soit de nom ou de visage et qui n'ont pas d'agenda préconçu. Notre agenda doit être son agenda.

Pensez à Élie :

Jacques 5.17-18
Elie était un homme de même nature que nous : il pria avec instance pour qu'il ne pleuve pas, et il ne tomba pas de pluie sur la terre pendant trois ans et six mois. Puis il pria de nouveau ; alors le ciel donna de la pluie, et la terre produisit son fruit.

Si vous êtes un ministre de Dieu de religion Catholique, vous devez porter un collet romain ou une robe et si vous êtes un Baptiste, Pentecôtiste ou Protestant, vous ne pouvez pas faire cela. Personnellement, je ne me soucie pas du tout que vous fassiez des tours autour de la bâtisse ou que vous soyez solennellement assis dans votre banc. Dieu regarde au cœur. Il semble que nous avons un besoin constant de nous conformer. Si vous fréquentez une église décontractée, vous serez considéré comme une personne qui n'est pas libre parce que vous ne portez pas de jeans ou de shorts. Comment cela peut-il être ? Qu'est-il arrivé à la liberté d'expression ? Je suis qui je suis. Dois-je louanger comme vous ou travailler comme vous ? Suis-je légitimement libre d'être moi ?

Louanger est une disposition du cœur et la liberté n'a rien à voir avec des murs de prison. Nous érigeons de trop nombreux murs à travers la conformité, la religion et le légalisme. Si vous avez été délivrés par le Fils, alors vous êtes en effet délivrés. Point !

Nous nous sentons condamnés parfois lorsque nous allons dans une église où les gens s'habillent de manière décontractée parce que nous sommes habillés d'une autre manière. Ces derniers nous considèrent comme étant religieux parce que nous préférons porter un habit et une cravate. Celui qui est religieux est celui qui se conforme aux règles de conformité établies par l'homme au lieu d'être guidé par l'Esprit et la joie du Seigneur dans son cœur.

Que représente l'Église d'Éphèse ? Je crois qu'elle est l'église émergent. La lettre aux Éphésiens décrit une église qui sort d'un combat spirituel, une église dans laquelle se trouve les 5 ministères, un endroit d'intimité, de révélation, de sagesse et de compréhension. Dans le livre de l'Apocalypse, les chapitres 2 à 4 parlent de l'autorité spirituelle et du gouvernement de l'Église ainsi que de la structure appropriée du leadership.

C'est dans l'Église d'Antioche que les croyants ont été appelés Chrétiens pour la première fois, signifiant « petits Christs. » Le travail ultime du Saint Esprit est de s'assurer que nous soyons plus comme Jésus. C'était ce que Jésus avait dans son cœur pour nous tous. Il a prophétisé dans Jean 14.12, que nous ferions des ouvrages plus grands que les siens :

> *En vérité, en vérité, je vous le dis, celui qui croit en moi fera, lui aussi les œuvres que moi je fais, et il en fera de plus grandes, parce que je m'en vais vers le Père.*

L'église à Antioche était multi ethnique, multiculturelle, un rassemblement possédant de multiples dons et composé de prophètes et d'enseignants comme Lucius et Niger. Il y avait aussi Saul, devenu Paul, les Juifs, les Pharisiens, et Barnabas l'homme d'affaires et un grand soutien. C'est cette église qui a envoyé Paul et Barnabas afin qu'ils accomplissent leur appel de missionnaires apostoliques.

Si nous sommes une église apostolique, nous allons être une église qui envoie. Aujourd'hui, ma prière est que vous commenciez à *Vivre dans le Prophétique* et laissez le Seigneur vous propulser complètement et pleinement dans la récolte. Je vous envoie comme il m'a envoyé et comme le Père a envoyé Christ. Occupons-nous des affaires du Père.

Père, merci de nous avoir sauvés et de nous avoir envoyés. Merci pour la destinée que tu as pour chacun de nous. Père, je prie que les yeux de notre compréhension soient ouverts à tout ce que tu as pour nous et que nous puissions comprendre la véritable liberté en toi. Père, fasse que nous puissions voir avec tes yeux et être ta voix sur la terre, que nous ne craignions pas l'homme, mais que nous soyons guidés par ton Esprit, que nous connaissions la liberté et la vie dans la dimension prophétique par notre foi.

Dans le nom de Jésus,
Amen

Chapitre 2

LE PROTOCOLE PROPHÉTIQUE

1 Corinthiens 12.1
Pour ce qui concerne les dons spirituels, je ne veux pas, frères, que vous soyez dans l'ignorance.

1 Corinthiens 14.40
Mais que tout se fasse avec bienséance et avec ordre.

Je partage le message du protocole prophétique partout où je vais, car j'ai reçu de la part de Dieu le mandat de rétablir le prophétique dans sa fonction propre dans le Corps. À travers mes voyages et l'établissement de dix églises, qui sont sous l'autorité spirituelle de Eagle Worldwide Ministries, j'ai appris que de savoir quand, où, qui et comment constitue la clé de la bonne procédure pour être capable de faire du ministère prophétique d'une manière qui honore le Seigneur et son peuple.

Il y a beaucoup d'incompréhension en ce qui concerne le prophétique. La bible révèle que chaque Chrétien peut entendre la voix de Dieu et que *« vous pouvez tous prophétiser »* (1 Corinthiens 14.31). Cependant, nous devons apprendre les différentes fonctions du prophétique et comment ce don s'exerce dans l'église locale et dans le Corps de Christ.

Dans ce chapitre, je vais expliquer la différence entre le don prophétique et le ministère du prophète et les responsabilités reliées à ce dernier. Si vous recevez une parole du Seigneur et que vous n'êtes pas dans votre église, de quelle manière allez-vous délivrer cette parole ? Comment réagiriez-vous si l'on vous disait que vous ne pouvez pas la délivrer ? Ce qui suit présente les lignes directrices pour opérer dans le prophétique de manière que tout soit fait *« décemment et dans l'ordre »*.

Nous pouvons identifier un nombre de raisons expliquant pourquoi cela ne s'est pas encore produit. Par exemple, nous pouvons pointer le doigt aux pasteurs, aux décisions prises par les dénominations et au travail des esprits religieux. Je dois admettre, même si je suis moi-même une voix prophétique, que le blâme repose d'abord et avant tout sur le manque d'intégrité et une réticence de se soumettre à l'autorité spirituelle de la part de nombreuses personnes prophétiques d'aujourd'hui et des temps passés. Plusieurs personnes ont été blessées dans nos églises par ce que nous appelons les « Prophètes de Stationnement », et par le ministère prophétique en général.

En plus de marcher dans le ministère du prophète, j'ai aussi été pasteur d'une église pendant un certain laps temps. Je crois que chaque personne prophétique devrait servir pour un certain laps de temps dans le ministère pastoral en tant que leader d'une église pour comprendre l'immense responsabilité que le Pasteur affronte lorsqu'il cherche à protéger les hommes et les femmes dont le Seigneur l'a chargé.

Vivre dans le prophétique

Lorsque Paul a commencé son enseignement au sujet des dons prophétiques dans 1 Corinthiens, chapitres 12 à 14, il a déclaré dans 12.1 :

Pour ce qui concerne les dons spirituels, je ne veux pas, frères, que vous ne soyez pas dans l'ignorance.

Paul a terminé cet enseignement particulier dans 1 Corinthiens 14.40 par cet avertissement :

Mais que tout se fasse avec bienséance et avec ordre.

Ces deux versets sont des clés de la manière dont le prophétique doit s'exercer dans l'Église et cela constitue le cœur de l'enseignement de Paul. Nous avons besoin d'un enseignement solide qui produit une véritable compréhension de la manière de fonctionner dans le don prophétique dans l'Église afin de l'exercer efficacement. Nous devons constamment mettre l'emphase sur le fait que dans l'exercice du don prophétique, tout doit être fait décemment et dans l'ordre.

Il y a une différence entre le don prophétique et le ministère du prophète. Il y a aussi une différence entre eux dans le domaine de la responsabilité et l'autorité. Tous ceux qui prophétisent ne sont pas nécessairement des prophètes, mais tous les prophètes prophétisent. Le ministère du Prophète vient avec plus de puissance et d'autorité et un prophète occupe et exerce une fonction de leadership d'une manière ou d'une autre.

En plus de prophétiser, les prophètes forment les autres dans leur don à travers l'entraînement et l'impartition. Il arrive souvent que les prophètes dirigent ou font partie d'une compagnie de prophètes et sont reconnus comme tels. Un prophète peut imposer les mains sur un autre prophète, lui transmettre l'onction et être son mentor tout comme Élie a fait avec Élisée. Un prophète peut aussi imposer les mains et oindre un roi ou d'autres leaders du gouvernement, comme Samuel a fait avec le roi David.

Un prophète peut prophétiser une direction à des individus ainsi qu'à l'Église et peut occasionnellement apporter une correction avec amour. A l'époque de l'Ancien et du Nouveau Testament, les prophètes ont déclaré un jugement. Comme mentionné dans le livre des Actes, chapitre 13, les prophètes peuvent, sous la direction du Saint-Esprit, imposer les mains, oindre et envoyer des ministres de Dieu dans leurs assignations et appels comme ce fut le cas pour Barnabas et Saul.

Une personne qui exerce le don prophétique et non le ministère du prophète doit se conformer au modèle prophétique du Nouveau Testament qui est celui-ci :

1 Corinthiens 14.3

Celui qui prophétise, au contraire, parle aux hommes, les édifie, les exhorte, les console.

Toutes les personnes qui exercent le don prophétique ou qui sont prophètes doivent comprendre, lorsqu'ils viennent dans une église, une assemblée ou toutes autres sortes de rencontres de croyants, qu'il y a un leader ordonné par Dieu dans la maison, souvent appelé le pasteur. Si nous voulons opérer dans notre don, nous devons le faire sous l'autorité spirituelle que Dieu a établie dans la maison.

Personnellement, si je sens que je reçois des paroles du Seigneur, je dois me faire connaître par le pasteur et vérifier si cette congrégation est ouverte à recevoir quelqu'un qui va livrer un message prophétique. Si oui, à quel moment préfèrent-ils que nous exercions ce don ? Imaginez-vous comment un pasteur pourrait se sentir si quelqu'un qu'il ne connaît pas vient dans son église, se lève au milieu de la célébration et commence à lancer une parole, qui peut même être morose et sinistre, sur les personnes qu'il est responsable de protéger. Comment vous sentiriez-vous ? Moi, je sais comment je me sentirais et ma prochaine action serait d'appeler un placeur et de faire sortir cet individu qui n'a pas eu assez de compréhension ou de maturité spirituelle pour utiliser son don décemment et dans l'ordre.

Si nous voulons être reconnus et efficaces pour ramener le don dans le Corps de Christ, nous devrons travailler ensemble étroitement – le pasteur et le prophète – se respectant mutuellement ainsi que nos dons, appels et responsabilités. Il y a une bénédiction dans l'unité et souvent les gens en utilisant leur don d'une manière désordonnée (au mauvais moment et de la mauvaise manière) provoquent la confusion. De plus, nous savons que le Saint-Esprit n'est pas l'auteur de la confusion. (voir 1 Corinthiens 14.3).

Au cours des dix dernières années, j'ai formé plus d'une centaine de voix prophétiques et je les ai envoyées dans leur appel. Les églises dans lesquelles je suis impliqué ont développé des lignes directrices simples, mais précises pour utiliser et opérer dans le don prophétique.

LE PROTOCOLE PROPHÉTIQUE

Premièrement, lorsque cela est possible, nous plaçons un micro qui fait face aux gens. Cela est une bonne indication, pour une personne prophétique qui viendrait dans notre assemblée, que nous voulons entendre la voix du Seigneur à travers le peuple de Dieu.

Deuxièmement, lorsqu'une personne reçoit une parole, si elle est connue et autorisée à apporter une parole prophétique dans notre église, elle vient à l'avant et demande la permission au leader en autorité. Elle aura aussi normalement écrit la parole qu'elle souhaite partager. Ce leader, en retour, va lui permettre de le faire mais elle doit tout de même attendre le bon moment pour la délivrer.

Si cela se produit pendant la louange, la personne qui vient pour partager une parole avec la congrégation va attendre que le leader de la louange la voit et lui donne le signal avant qu'elle puisse la délivrer. Si, selon l'opinion du leader de l'assemblée, une parole serait plus appropriée à un autre moment de la célébration, il va le lui dire et appeler cette personne à venir un peu plus tard. La parole que cette personne a reçue peut avoir un lien avec l'offrande ou va peut-être confirmer la prédication de la Parole ou va être plus appropriée durant le temps de ministère. Cela s'applique par exemple dans le cas d'une parole de connaissance au sujet d'une maladie ou douleur que le Seigneur veut guérir. Alors, la personne sera invitée à l'apporter lors de la période consacrée à la prière en fin de célébration.

Durant nos célébrations nous acceptons uniquement des paroles qui parlent à l'ensemble des croyants et non des paroles individuelles. Les paroles individuelles sont acceptées de la part d'un invité désigné qui apportera la parole pour cette célébration ou la personne en autorité dans cette assemblée.

Lorsque nous délivrons une parole nous devons tous, comme la Bible nous dit au sujet de la manière de sonner de la trompette, nous assurer que ce ne soit pas « *un son incertain* » (signal qui n'est pas clair) (Corinthiens 14.8). Qu'est-ce que cela veut dire ? Voici la réponse : Parlez aussi clairement que possible, essayant de ne pas parler trop vite parce que le Seigneur veut que tout le monde dans l'assistance entende et comprenne clairement ce qu'il dit.

Commencez lorsque l'Esprit commence et arrêtez lorsqu'il arrête. N'enlevez rien et n'ajoutez rien à la parole que le Seigneur vous a donnée.

Essayez d'attraper le tempo de l'Esprit et le « timing » de la célébration. Si j'ai une parole optimiste d'encouragement et d'exhortation, je voudrai probablement la donner durant la louange. Si c'est une parole de consolation ou une parole émotionnellement profonde, qui a un rapport avec le cœur du Seigneur, je vais probablement vouloir la donner durant l'adoration lorsque les cœurs du peuple du Seigneur ont l'ouverture nécessaire pour mieux l'entendre.

C'est le désir de Dieu qu'à partir de l'ouverture de la célébration tout aille en montant. Ainsi, lorsque je donne une parole, elle doit toujours conduire la célébration à un niveau plus élevé et jamais plus bas. Nous avons tous été dans des célébrations où quelqu'un est venu avec une parole vide ou une parole couverte de lourdeur qui a fait descendre le niveau de l'onction sur la congrégation plutôt que de la faire monter à un niveau supérieur de celle qu'elle avait atteint.

Dieu désire que nous montions continuellement plus haut. Par conséquent, faites de votre mieux pour sentir le rythme de l'Esprit et le timing de Dieu. L'onction, par moment, est comme une vague et lorsque je délivre une parole, je veux attraper la vague et permettre à l'onction de conduire la célébration à un niveau plus haut.

Finalement, lorsque je prophétise, je fais de mon mieux afin de ne pas attirer l'attention sur moi-même, mais plutôt de l'attirer sur la parole du Seigneur. A certains moments, il peut y avoir une onction intérieure puissante qui me pousse à vouloir manifester, mais *« les esprits des prophètes sont soumis aux prophètes »* (1 Corinthiens 14.32), et je veux faire de mon mieux pour délivrer la parole clairement, précisément et avec le plus d'attention possible sur la parole.

Aussitôt que j'ai terminé, je redonne le micro à la personne en autorité et je retourne à ma place. Je remercie Dieu dans mon cœur de m'avoir choisi pour partager son cœur avec moi et à travers moi de cette manière.

Je vais clore ce chapitre avec cette pensée. J'ai eu plusieurs expériences personnellement lors desquelles le Seigneur m'a donné une parole que j'ai soumise à ceux qui étaient en autorité, mais qui pour une raison ou une autre, ont décidé qu'ils ne voulaient pas que je la délivre ou que je la délivre immédiatement. C'est à ce moment que tu découvres la profondeur de la maturité et le caractère d'une personne. Être une voix prophétique, être une personne prophétique dépend de la manière dont

Vivre dans le prophétique

vous agissez et comment vous réagissez. Est-ce que vous tapez du pied, retournez à votre place en faisant la moue, en critiquant et en vous plaignant à quelqu'un d'autre ? Êtes-vous assez mature pour réaliser que lorsque vous vous avancez et partagez ce que le Seigneur vous a dit, vous avez fait votre travail ? Cela est un test. C'est un test pour le leader et un test pour vous ainsi que pour moi.

Passez le test, sachant que chaque test est une merveilleuse opportunité pour une promotion. Dieu est bien plus intéressé par notre caractère et les fruits de l'Esprit qui sont dans nos vies qu'il ne l'est par le nombre de dons que nous pouvons posséder.

J'espère que ces quelques points vont vous aider lorsque vous cherchez la face de Dieu dans la poursuite de votre don et votre appel. Vous et moi sommes la génération responsable de ramener la voix prophétique dans l'Église. Intégrité, caractère et soumission à l'autorité sont les exigences requises pour que cela arrive et que toutes choses soient faites « décemment et dans l'ordre. »

> Père, je prie pour un transfert du don prophétique sur tous ceux qui me lisent. Je prie aussi, Seigneur, que le don de la sagesse et de révélation leur soient donnés. Je prie que le discernement repose sur eux. Seigneur, je prie qu'ils soient sensibles à ton Saint-Esprit durant leur développement et leur préparation pour opérer prophétiquement. Qu'ils se soumettent à toi et qu'ils deviennent matures alors que le prophétique est restauré dans ton Église.
>
> Dans le nom de Jésus,
> Amen !

Chapitre 3

LE COMMENT, QUAND, OÙ, POURQUOI ET POURQUOI PAS DU PROPHÉTIQUE

1 Corinthiens 12.1
Pour ce qui concerne les dons spirituels, je ne veux pas, frères, que vous soyez dans l'ignorance.

1 Corinthiens 14.40
Mais que tout se fasse avec bienséance et avec ordre.

Ce qui suit est le modèle du comment, quand, où, pourquoi et pourquoi pas du prophétique. Comme nous l'avons vu, il est important pour nous de comprendre ce qui a été écrit par Paul et inspiré par le Saint Esprit au sujet du protocole prophétique. Il est aussi important pour nous de comprendre que, dans l'église locale, nous devons soumettre notre don à l'autorité établie. Dans le chapitre 2, nous avons établi les bases du protocole. Maintenant, bâtissons sur ces dernières.

Vivre dans le prophétique

Notre Père céleste est un Dieu du moment parfait. Il n'est jamais en avance, ni en retard. Il n'est pas l'auteur de la confusion, mais plutôt de l'ordre. Nous sommes appelés à être guidés par l'Esprit et à apprendre à opérer à l'intérieur des paramètres qu'il nous a donnés. Nous devons toujours nous rappeler que l'attention ne doit pas être sur nous, mais sur le Seigneur.

L'apôtre Paul nous a donné l'un des enseignements le plus condensé et cependant approfondi, sur les dons spirituels dans 1 Corinthiens 12. Il a commencé en disant de ne pas être « *ignorant* » concernant ces sujets et il a terminé avec un avertissement important : « *Mais que tout se fasse avec bienséance et avec ordre.* »

Dans le chapitre 12, Paul a discuté des neuf dons qui représentent la signature de l'Esprit, de la diversité des opérations et de l'administration de ces dons. Il nous a donné une magnifique analogie concernant les dons : le corps humain et le Corps de Christ. Il a aussi parlé des cinq ministères. Il a terminé cette partie au verset 31 en nous disant, « *Aspirez aux dons les meilleurs.* »

Le mot « aspirez » est un mot très fort. *The World Book Dictionary* le définit de cette manière : « De désirer sérieusement, de souhaiter particulièrement, ou désirer ardemment. » Ensuite, Paul a parlé pendant tout le chapitre 13 de la valeur et de la nécessité d'avoir l'amour de Dieu dans l'utilisation de votre don, et il s'est référé à cela dans 12.31 par « *une voie par excellence* ».

Paul a parlé de tous les dons, mais il a insisté sur le don de prophétie. Il a consacré tout le chapitre 14 au don de prophétie. Au verset 1, il a dit :

Recherchez l'amour. Aspirez aux dons spirituels, mais surtout à celui de prophétie.

C'était le désir de Paul, mais aussi le désir de Dieu – que vous et moi prophétisions.

Au verset 3 de ce même chapitre, Paul nous donne le modèle du Nouveau Testament concernant la prophétie :

Celui qui prophétise, au contraire, parle aux hommes, les édifie, les exhorte, les console.

Ensuite, il termine le chapitre avec le verset 40 :

Mais que tout se fasse avec bienséance et avec ordre.

Tout au long du chapitre, Paul touche plusieurs aspects importants sur ce sujet. Nous pouvons dire qu'il a couvert le comment, le quand, le où, le pourquoi et le pourquoi pas du prophétique. Je veux vous encourager à relire le chapitre 14 en comprenant l'emphase que Paul a mis sur ce don très important des temps de la fin. Maintenant, regardons le comment du prophétique.

LE COMMENT DU PROPHÉTIQUE

En plus de la référence de 1 Corinthiens 14.40, par laquelle Paul met l'emphase sur l'ordre et la discipline, on nous indique dans 1 et 2 Chroniques que la Maison du Seigneur doit être en ordre ; dans 2 Samuel 17, que nos maisons ont besoin d'être en ordre. Encore, dans 2 rois 20.1 et dans Ésaïe 38.1, le Seigneur nous exhorte : « *METS TA MAISON EN ORDRE.* »

Notre Dieu est un Dieu d'ordre et de discipline. Tout ce qu'il établit est en accord avec l'ordre divin de l'univers. Il n'est pas l'auteur de la confusion. L'ennemi est l'auteur de la confusion. Le manque d'ordre nous conduit toujours dans le chaos et l'anarchie, qui sont les ennemis de Dieu. Paul avait une profonde compréhension de l'autorité et de l'ordre divin.

Lorsque nous exerçons les dons de l'Esprit, en particulier un don des temps de la fin, tel que le don de prophétie, nous devons le faire dans un alignement et un ordre approprié. Paul a détaillé cet ordre approprié dans ses enseignements. Ils peuvent, généralement, être appliqués au don de prophétie lorsqu'un membre du Corps de Christ exerce ce don peu importe où et quand.

De plus, dans chaque église locale ou assemblée, il y a une direction, un leader qui va établir le protocole pour tout rassemblement particulier. Par conséquent, lorsque je me sens conduit à exercer mon don, je dois toujours soumettre ce don à la direction établie dans l'église locale. Je dois prophétiser dans le temps alloué, au moment approprié et le faire avec l'approbation de l'autorité établie.

Lorsque cela est possible, je m'arrange pour que les paroles que je délivre soient enregistrées afin qu'elles soient jugées et vérifiées(voir 1 Corinthiens 14.29). Si je donne une parole prophétique à une personne, j'aime qu'elle soit enregistrée afin qu'elle puisse l'apporter à son pasteur ou son leader spirituel pour recevoir plus de discernement et de direction. Cela permet aussi à la personne de s'asseoir et revisiter cette parole pour mieux la comprendre et l'appliquer.

Je fais donc de mon mieux pour suivre les huit règles suivantes lorsque je donne une prophétie :

1. J'utilise une enregistreuse digitale.
2. Je demande l'approbation ou la permission de l'autorité en place.
3. Je trouve le moment approprié pour la transmission la plus efficace.
4. Je m'assure que la parole apporte édification, réconfort et/ou encouragement.
5. J'essaie de ne pas attirer l'attention inutilement sur moi.
6. Je ne me rebiffe jamais si la parole n'est pas reçue.
7. Je suis ouvert à ce que ma parole soit jugée.
8. Je commence lorsque le Saint-Esprit commence et j'arrête lorsqu'il arrête.

LE QUAND DU PROPHÉTIQUE

J'aime délivrer une parole au parfait moment d'une célébration. Une parole devrait être donnée lorsque nous montons de la louange vers l'adoration, vers la gloire. Elle ne devrait pas faire descendre la célébration. Elle devrait toujours conduire le Corps à un niveau plus élevé de foi et d'espérance.

Comme il est important qu'une parole s'insère dans le mouvement de la célébration et qu'elle ne soit jamais hors d'ordre, je l'apporte quand l'Esprit du Seigneur me le dit. De cette manière, je ne suis pas influencé par mes émotions ou mes sentiments. Comme les Écritures le disent si bien :

Zacharie 4.6
Ce n'est ni par la puissance, ni par la force, mais c'est par mon Esprit dit l'Éternel des armées.

LE OÙ DU PROPHÉTIQUE

Où ? Dans le sanctuaire, pas dans le stationnement. Les prophètes de stationnement ont causé beaucoup de dommages au Corps de Christ. J'essaie de transmettre la prophétie au bon endroit et sous l'autorité appropriée.

Cela peut-il se faire dans un restaurant ou un autre endroit public ? Oui, je crois que nous sommes appelés à utiliser nos dons en dehors des quatre murs d'un édifice. L'église n'est pas un endroit ; c'est vous et moi. Encore une fois, cela dépend des circonstances.

Je ne donnerai pas une parole que je reçois dans mon cœur à une personne qui est dans l'église si je ne suis pas d'abord autorisé à le faire dans cet endroit particulier. Ce n'est pas parce que je suis assis dans un restaurant par la suite que cela signifie que je peux la donner si je n'avais pas été autorisé à le faire lors de la célébration. Soit, je suis autorisé ou je ne suis pas autorisé. Il n'y a pas de demi-mesure.

Je préfère beaucoup plus délivrer une parole devant toute l'Église ou au micro, non pas de mon siège (à moins que le protocole de cette maison l'exige). La raison étant qu'il est important pour tous de l'entendre et d'être édifiés.

LE POURQUOI DU PROPHÉTIQUE

Pourquoi le prophétique ? Afin que nous soyons efficaces dans nos dons. Afin que nous soyons acceptés et que la parole que nous apportons soit acceptée. Afin que cette dernière apporte la gloire à Dieu et non la disgrâce. Notre don a pour objectif de glorifier le Seigneur et par conséquent nous devons être protégés spirituellement par la couverture spirituelle de la maison.

LE POURQUOI PAS DU PROPHÉTIQUE

Qu'est-ce j'entends par le « pourquoi pas ? » Pourquoi ne pas le faire à ma manière – quand je le veux et quand cela me le dit ? Parce que je crois que notre manque de tact et de protocole a causé beaucoup de problèmes dans le Corps de Christ. Plusieurs églises et dénominations que j'ai visitées ont été tellement blessées par les Justiciers Solitaires dans le prophétique, qu'au début de mes visites le plus gros de mon travail consiste à rétablir la confiance et l'intégrité.

Depuis 1948, nous avons connu une saison de restauration dans l'Église par le rétablissement des cinq ministères et les dons de l'Esprit dans le Corps de Christ, particulièrement le don de prophétie et le ministère du prophète. Une part de la responsabilité, qui revient à chaque personne à qui fut donné l'autorité divine dans le prophétique, est le fardeau d'opérer dans ce don et de le restaurer de la manière qui nous rend le plus efficace. Le peuple de Dieu sera de la sorte encouragé et édifié. Chaque parole prophétique sera pleinement reçue et

Vivre dans le prophétique

Dieu sera glorifié par la manière dont nous opérons dans ce don, en fraternisant dans le Corps et en coopérant avec les leaders.

Seigneur, je prie que nous entendions ta voix et seulement ta voix. Je prie que le Corps de Christ développera une compréhension à travers ta Parole de l'importance de la restauration de la voix prophétique dans ton Église aujourd'hui, et qu'ils vont avoir une compréhension plus profonde de l'autorité et de l'ordre divin. Je te remercie Seigneur de nous enseigner comment opérer dans les dons de l'Esprit.

Dans le nom de Jésus,
Amen !

Chapitre 4

ENTENDRE LA VOIX DU SEIGNEUR

Romains 8.14
Car tous ceux qui sont conduits par l'Esprit de Dieu sont fils de Dieu.

Il y a de nombreuses voix qui essaient d'avoir votre attention à l'heure actuelle. Il faut qu'en cette saison notre oreille soit au diapason du battement du cœur de Dieu. C'est un temps, plus que jamais auparavant, pour connaître la diversité et la créativité des manières dont Dieu nous parle. Nous devons être capables de discerner la voix de Dieu au-dessus des préoccupations de la journée, durant les temps périlleux de nos vies autant que dans les bons moments. Nous avons besoin d'entendre la voix de Dieu pour nous-mêmes dans chaque saison de notre vie.

Nous avons besoin d'équilibre. Nous avons donc besoin d'être fondés sur ce que Dieu dit dans sa Parole et aussi par son Esprit. Nous avons besoin de savoir ce que Dieu dit au sujet de ce qui se passe autour de nous afin de ne pas regarder à ce que le monde dit, ou même ce que nos situations semblent nous dire. Maintenant, plus que jamais, nous devons déclarer ces choses qui ne sont pas visibles comme si elles l'étaient déjà.

Dans ce chapitre, je vais vous donner une vue d'ensemble de quelques-unes des manières dont nous pouvons entendre la voix de Dieu. Il est un Dieu merveilleux et il sait exactement comment nous parler. Il sait comment attirer notre attention et il nous enseigne à entretenir cette communication qu'il développe avec nous. Plaçons-nous en position pour entendre sa voix, sachant qu'il est capable de nous parler de différentes manières.

L'une des plus importantes expériences pour chaque Chrétien présentement, et encore plus pour chaque personne qui sait avoir un appel dans le ministère prophétique, est d'apprendre à entendre la voix du Seigneur.

Comme nous l'avons vu, Paul a écrit aux croyants Romains :

Romains 8.14

Car tous ceux qui sont conduits par l'Esprit de Dieu sont fils de Dieu.

Paul a aussi prié, ce qui est selon moi, l'une des plus importantes prières apostoliques enregistrées dans les Écritures :

Ephésiens 1.17-18

Afin que le Dieu de notre Seigneur Jésus-Christ, le Père de gloire, vous donne un esprit de sagesse et de révélation qui vous le fasse connaître ; qu'il illumine les yeux de votre cœur, afin que vous sachiez quelle est l'espérance qui s'attache à son appel, quelle est la glorieuse richesse de son héritage au milieu des saints.

Je crois que ceci est exactement ce dont nous avons besoin afin de comprendre convenablement comment entendre la voix du Seigneur. Nous avons besoin de révélation, de sagesse et de compréhension. La révélation est la méthode ou le canal que le Seigneur choisit pour nous révéler ses desseins. Voici les manières que Dieu a choisies pour me parler.

A TRAVERS SA PAROLE

Dieu parle à travers sa Parole et lorsqu'il le fait, sa Parole devient vivante. Il confirme aussi sa Parole par les signes qui la suivent. Peu importe de quelle manière il me parle, l'un des aspects les plus importants, lorsque j'entends la voix du Seigneur, est d'en confirmer la source par sa Parole pour confirmer que cela vient vraiment de lui.

Dieu est le même hier, aujourd'hui et pour toujours, mais il dit et fait constamment des choses nouvelles. Il met son doigt sur un verset et il devient un *rhema*. Par son Esprit, la Parole est illuminée et elle devient vivante pour nous personnellement, *« pour ce moment précis dans notre vie. »*

Dieu peut nous dire des choses personnellement, mais il n'ira pas à l'encontre de sa Parole. Alors, je vérifie l'esprit et je vérifie la parole que j'entends en allant dans *« celle qui est la plus certaine »*, la Parole de Dieu.

A TRAVERS LES RÊVES ET LES VISIONS

Il est certain que Dieu nous parle à travers les rêves et les visions. Il a promis cela lorsque Pierre a cité le prophète Joël :

Actes 2.17-18

Dans les derniers jours, dit Dieu, je répandrai de mon Esprit sur toute chair ; vos fils et vos filles prophétiseront, vos jeunes gens auront des visions, et vos vieillards auront des songes. Oui, sur mes serviteurs et sur mes servantes, dans ces jours-là, je répandrai de mon Esprit ; et ils prophétiseront.

Il semble n'avoir laissé personne de côté. C'est sa volonté que tous entendent sa voix et soient capables de prophétiser. Dieu a dit à travers Job :

Job 33.14-16

Dieu parle cependant, tantôt d'une manière, tantôt d'une autre, et l'on n'y fait pas attention. Il parle en songe, en vision nocturne, quand un profond sommeil tombe sur les hommes, quand ils sont endormis sur leur couche. Alors il fait des révélations aux hommes et met le sceau à leur instruction.

Du début jusqu'à la fin de la Parole, Dieu a utilisé les rêves et les visions ainsi que la dimension révélatrice pour communiquer la direction et l'orientation personnelle à son peuple. Il l'a fait avec Paul dans Actes 16 lorsqu'il lui donna la vision pour la Macédoine.

Il a aussi guidé des nations de cette manière, comme il a parlé à Moïse et à travers Moïse aux enfants d'Israël pour les délivrer de la main du Pharaon. La voix prophétique qu'il veut utiliser aujourd'hui, pour guider l'Église et nous empêcher de tomber dans les pièges de ce monde, vient souvent par les rêves et les visions.

Nombres 12.6
Écoutez bien mes paroles ! Lorsqu'il y aura parmi vous un prophète, c'est dans une vision que moi, l'Éternel, je me ferai connaître à lui, c'est dans un songe que je lui parlerai.

Dieu nous parle en rêves au plus profond de la nuit, mais aussi lorsque nous sommeillons dans nos lits. Il connaît les bons moments, juste avant que vous tombiez endormis et juste après votre réveil. Fixez votre cœur sur le Seigneur. Communiquez avec lui et ensuite calmez votre esprit devant lui. Écoutez le Seigneur au lieu de vous écouter vous-mêmes et Job 33 va devenir vivant pour vous.

Dieu nous parle parfois par des visions et des révélations ouvertes. C'est quelque chose que vous voyez ou entendez dans la dimension de la réalité, la dimension naturelle, comme si c'était réel. Une vision fermée est quelque chose que vous voyez ou entendez seulement en Esprit.

A TRAVERS UNE VOIX AUDIBLE

La voix audible du Seigneur est une révélation ouverte et beaucoup de personnes pensent que c'est la seule manière dont Dieu parle. J'ai entendu la voix du Seigneur presque tous les jours et toutes les nuits, depuis le jour où je fus baptisé dans l'Esprit en 1976, mais d'une manière audible qu'une poignée de fois. Dieu utilise cette méthode pour avoir un impact sérieux, comme il l'a fait lors du baptême de Jésus en disant : « *Celui-ci est mon Fils bien-aimé, en qui j'ai mis toute mon affection* » (Matthieu 3.17). Ouvrons nos cœurs à toutes les manières dont Dieu peut nous parler, car il désire communiquer avec nous intimement.

Je peux entendre clairement la voix de Dieu lors d'une marche dans le parc (lorsque toute la nature déclare sa gloire) comme je le peux sur le coin d'une rue bruyante, au milieu d'une réunion, pendant une épreuve ou une tribulation dans ma vie. Je n'ai qu'à me brancher. Je peux ajuster mon canal spirituel avec le canal de l'Esprit et me brancher sur sa puissance. J'ai, de cette manière, accès à toute la dimension de la révélation. Pourquoi devrais-je me contenter de moins lorsque toute la terre et tout l'univers déclare sa gloire ?

À TRAVERS SA PETITE VOIX DANS MON CŒUR

C'est la méthode que Dieu utilise le plus souvent pour nous parler. Nous recevons un signe ou une sensation dans notre esprit ou nous savons dans nos cœurs que nous avons entendu quelque chose directement de Dieu. Cependant, c'est aussi le domaine qui exige le plus de discernement. C'est assez facile de faire la différence entre la voix de l'ennemi et celle de Dieu, mais c'est beaucoup plus difficile de savoir si c'est la mienne et mes propres pensées.

À TRAVERS LA PRÉDICATION ET L'ENSEIGNEMENT

Jésus était oint pour prêcher (voir Luc 4.18). Lorsque quelqu'un est oint pour prêcher, cela signifie que le Saint-Esprit prend la Parole qu'il prêche, l'amplifie dans le cœur de ceux qui écoutent et la clarifie aussi. Deux personnes peuvent écouter le même message et s'en retourner en ayant reçu quelque chose de différent. La raison de cela en est que l'Esprit voit le besoin de celui qui écoute et fait en sorte que le message réponde à ce besoin.

À TRAVERS DES VOIX PROPHÉTIQUES

2 Pierre 1.21
Car ce n'est nullement par une volonté humaine qu'une prophétie n'a jamais été présentée, mais c'est poussés par le Saint-Esprit que des hommes ont parlé de la part de Dieu.

Dieu parle à travers la prophétie personnelle et celle adressée à un groupe en utilisant des individus qui exercent le don prophétique en accord avec 1 Corinthiens 12. Ce don est pour tous les croyants. À d'autres moments, il va parler à travers des femmes et des hommes qui occupent une position de leadership dans le ministère de prophète, en accord avec Éphésiens 4.11. Vous allez pouvoir reconnaître que c'est le ministère du prophète qui est en opération par sa profondeur, sa précision et le ton d'autorité et de décret. Personnellement, je ne fais jamais rien en me basant sur la parole d'une autre personne. Je veux entendre la voix du Seigneur pour moi-même et uniquement la confirmation par une parole prophétique.

À TRAVERS DES SENSATIONS PHYSIQUES

Parfois, lorsque je prêche ou que je suis mentalement et émotivement préoccupé par une tâche ou une fonction spécifique, le Seigneur va me parler par une sensation physique dans mon corps. Il s'agit d'une parole de connaissance m'indiquant que Dieu veut guérir quelqu'un. « Il a envoyé sa parole et les guérit »(Psaume 107.20). Il y eut des moments où je me sentais tellement mal que j'étais incapable de me concentrer sur la tâche que je m'apprêtais à accomplir. C'est ainsi que le Seigneur réorientait mon chemin afin que j'accomplisse sa volonté à ce moment précis.

J'avais, par exemple, un ami qui avait une douleur tellement intense dans son corps qu'il a dû aller consulter le médecin. Le médecin a découvert qu'il souffrait de quelque chose qui n'avait aucun lien avec le symptôme qui l'avait conduit à consulter. Le Seigneur l'avait averti par ce symptôme afin qu'il soit soigné pour une condition beaucoup plus menaçante.

A TRAVERS NOS ÉMOTIONS

Dieu me parle souvent à travers mes émotions, probablement parce que je ne suis pas vraiment à l'écoute ou attentif. Parfois j'entre dans une assemblée et je me sens déprimé (alors que je ne suis pas dépressif, d'humeur maussade ou fâché). Cela m'indique que je sens l'esprit qui est dans cet endroit et Dieu utilise mon don de discernement des esprits pour que je les combatte spirituellement. Cela peut se produire pendant l'intercession ou la délivrance et Dieu va me conduire à parler prophétiquement, identifiant quel est l'esprit contre lequel nous venons et comment le combattre.

Paul a prié pour que nous ayons aussi un Esprit de compréhension. Nous avons besoin d'avoir la compréhension et la connaissance des manières dont Dieu parle, mais aussi comment interpréter ce qu'il est en train de nous dire. Le Seigneur nous parle souvent par des allégories, des symboles, des couleurs et des paraboles. Cela va au-delà du langage naturel lorsqu'il nous parle par des symboles.

Même si vous ne comprenez pas la langue d'un pays, vous allez savoir de quel côté aller lorsque vous vous rendez aux toilettes par les symboles de l'homme ou de la femme qui sont affichés. Il en est de même pour le symbole pour les handicapés ou les symboles universels pour la circulation. L'interprétation symbolique transcende souvent nos langages naturels et le Seigneur nous parle de ces manières.

Quand je reçois une révélation de la part du Seigneur, que ce soit un rêve ou une vision par exemple, j'écris ce que j'ai vu et la date. Ensuite, je viens à Dieu avec cette révélation pour prier et lui demander l'interprétation. L'interprétation des rêves ou des visions n'est jamais statique.

Dieu est un Dieu personnel. La plupart du temps il nous parle d'une manière différente dans nos expériences personnelles. Par exemple, mon épouse Mave a été dans le domaine de la restauration pendant vingt ans et moi, j'ai évolué dans les sports et l'athlétisme. Dieu me parle souvent dans mes rêves en utilisant le golf ou le baseball, mais une fois, il a dit à Mave qu'il était une tarte aux pommes et qu'elle était un chausson aux pommes. Tout ce que je connaissais au sujet de ces derniers était la façon de les manger. Mave, d'autre part, savait que tous les ingrédients dans les chaussons aux pommes se trouvaient aussi dans la tarte aux pommes. Dieu lui disait qu'elle avait tout ce qui est en lui, qu'elle était faite à son image et sa ressemblance. Cette révélation représentait des merveilles pour Mave mais, n'aurait pas voulu dire grand-chose pour moi.

Dieu connaît tous les endroits où nous sommes allés, tout ce que nous avons fait, toutes les relations que nous avons eues et toutes les voix que nous avons entendues. Tout est inscrit dans le cœur de Dieu dans l'éternité et il peut le rejouer de la manière dont nous pouvons le comprendre.

Habituellement, lorsque Dieu me parle symboliquement et que l'interprétation ne semble pas applicable pour moi, cela signifie qu'il m'appelle à un niveau plus profond dans ma relation avec lui et que je dois chercher sa face pour l'interprétation. Je ne reçois pas parce que je ne demande pas. La plus grande bénédiction vient à celui qui cherche.

En 2005, j'ai écrit un livre intitulé *Night Watch : Unlocking your destiny through Dreams and Visions* dans lequel j'ai donné beaucoup plus de détails au sujet des rêves et leur interprétation. En 2018, une édition révisée et mise à jour de la version anglaise du livre a été publiée. Ce livre pourrait être d'une grande aide pour vous si vous avez reçu des révélations et que vous ne savez pas vraiment comment les interpréter. J'ai inclus une section dans le livre qui contient les symboles des rêves et qui peut vous aider à développer un vocabulaire et un dialogue avec le Seigneur. Vous pouvez commander ce livre, qui a été aussi traduit en français, sur le site : www.eagleworldwide.com ou téléphoner à nos bureaux 905-308-9991.

Après avoir écrit tout ce que j'ai entendu Dieu me dire, je vais en prière et je passe du temps à essayer de découvrir ce qu'il veut me dire. Notre Dieu est un Dieu qui parle et qui veut nous parler à vous et à moi encore aujourd'hui !

LA SAGESSE NÉCESSAIRE

La Parole de Dieu dit : « *La sagesse est la principale chose* » (Proverbes 4.7), et c'est, en effet, la principale chose lorsqu'il s'agit de comprendre la voix du Seigneur. Je dois savoir que c'est Dieu qui me parle et qu'il le fait avec un dessein et un concept. Quand je sens que j'ai entendu quelque chose de la part de Dieu et que je désire comprendre la révélation, j'ai besoin en premier lieu de la sagesse pour discerner et vérifier les esprits. Ce ne sont pas toutes les voix que nous entendons ou toutes les pensées que nous avons qui viennent de Dieu. La source peut être l'une des choses suivantes :

LA VOIX DE DIEU PEUT VENIR, PAR LA PUISSANCE DU SAINT-ESPRIT

Jean 14.26
Mais le Consolateur, le Saint-Esprit que le Père enverra en mon nom, c'est lui qui vous enseignera toutes choses et vous rappellera tout ce que moi je vous ai dit.

Ceci est la révélation que nous recherchons tous.

LA VOIX PEUT VENIR DE L'HOMME

Les choses que j'entends peuvent venir de mes propres pensées ou émotions, des problèmes de la journée, des préoccupations et des fardeaux qui sont sur mon cœur ou même de mes propres désirs. Des pensées peuvent naître et la révélation peut être donnée, mais d'où cela vient-il ?

Certaines personnes ont beaucoup de rêves que nous appelons des « rêves de pizza ». Cela n'est pas toujours parce qu'ils ont mangé de la pizza, mais parce que la révélation vient de leurs propres pensées et émotions. Je dois recevoir une confirmation dans mon esprit. Je dois la vérifier par l'Esprit et mon esprit doit recevoir la confirmation.

Parfois, nous pouvons relier notre pensée à notre propre chair ou notre âme parce que c'est quelque chose que nous voulions entendre ou quelque chose que nous voulions faire. Quand je reçois une révélation qui me fait frissonner parce qu'elle correspond à ce que je voulais, je la soumets à l'Esprit de Dieu et m'assure qu'elle est endossée par sa Parole.

LA VOIX PEUT VENIR DE SATAN OU DES ESPRITS DÉMONIAQUES

Nous avons tous entendu des choses venant de la dimension démoniaque, et nous sommes tous susceptibles de tomber sous l'influence de ces faux esprits. Nous apprenons dans l'Évangile de Luc que Jésus fut conduit au désert par l'Esprit de Dieu (voir Luc 4.1). Jésus a jeûné pendant quarante jours et fut tenté par le diable (voir Luc 4.2). La première voix que Jésus a entendue dans le désert n'est pas celle de Dieu, mais plutôt celle de Satan (versets 3-6).

Jésus savait quoi faire. Il s'est opposé au tentateur avec la Parole. Nous devons discerner la source de nos révélations, savoir si elles sont bibliques et saines. Sinon, nous devons combattre Satan avec la vérité de la Parole. Nous pouvons immédiatement savoir avec certitude que Dieu n'est pas la source si ce que nous entendons est immoral.

LA VOIX PEUT VENIR D'UNE VISITATION ANGÉLIQUE/UNE RÉVÉLATION DU TROISIÈME CIEL

À travers la Parole de Dieu, nous voyons que Dieu a envoyé des anges et conduit des hommes de Dieu comme Paul à de hauts niveaux de révélation à travers des visitations angéliques. Cependant, il y a les anges de Dieu, mais aussi des anges des ténèbres qui se présentent en anges de lumière. Ce sont des démons qui se présentent comme étant de Dieu.

Joseph Smith, le fondateur des Mormons, a eu ce qu'il a décrit comme étant une visitation angélique. Cependant, ce que dit un ange doit être en accord avec notre esprit et être endossé par la Parole de Dieu. J'ai lu au sujet de la rencontre que Joseph Smith a eue et mon opinion est celle-ci : Moroni était plein de fourberies.

Nous devons discerner les esprits et vérifier la source de chaque révélation. Nous devons aussi avoir la sagesse de savoir ce que Dieu veut que nous fassions avec chaque révélation. Est-ce qu'il veut que nous prophétisions ? Nous dit-il cela pour notre propre direction ? Est-ce qu'il veut que nous l'utilisions pour l'intercession pour une autre personne ou pour l'Église ? Nous devons savoir quoi faire avec la révélation et son interprétation.

Finalement, nous avons besoin de sagesse concernant le temps de l'accomplissement de la révélation et le temps où nous devons agir prophétiquement. Nous, qui entendons la voix du Seigneur, devons le consulter pour les temps et les saisons, pas seulement pour les mystères.

Le prophète Habaquq nous dit :

Habaquq
C'est une vision dont l'échéance est fixée, elle aspire à son terme.

Nous ne pouvons pas nous permettre d'être trop tôt ou trop tard.

Notre Dieu est le Dieu d'Abraham, Isaac et Jacob. Il est le Dieu de Élie. Il est un Dieu ponctuel, le Dieu qui intervient. Il est intervenu pour Élie et comme il ne fait pas de différence entre les personnes, il va intervenir pour vous aussi.

Ce n'est pas à nous de choisir les temps et les saisons ; c'est Dieu lui-même qui le fait. Il mesure le temps en éternité alors que l'homme le mesure en minutes, en heures, en jours, en semaines ou en mois.

Je vais paraphraser ce qui est écrit dans le livre de Daniel au verset 2.21-22.

Il est celui qui change les temps et les saisons. C'est lui aussi lui qui renverse et établit les rois. C'est lui qui donne la sagesse aux sages et la connaissance à ceux qui comprennent. C'est aussi lui qui révèle ce qui est profond et caché. Il est celui qui révèle les choses qui sont dans les ténèbres et les amène à la lumière.

Je fais, pour vous, cette prière :

Que Dieu puisse vous donner la révélation et la sagesse et la compréhension, qu'il vous guide et vous dirige par la puissance de Son Esprit. Je prie que le don de prophétie soit stimulé à nouveau dans votre cœur et que Dieu fasse naître à l'intérieur de vous une faim pour le chercher, une soif de sa présence et sa puissance. Je prie qu'il vous élève en guerriers des temps de la fin, en puissance et compréhension, pour accomplir de grands exploits ainsi que des signes et des prodiges en son nom.

Dans le nom de Jésus,
Amen !

Chapitre 5

LES ONZE CANAUX DU PROPHÉTIQUE

1 Corinthiens 14.1

Recherchez l'amour. Aspirez aux dons spirituels, mais surtout à celui de prophétie.

La Bible nous encourage à prophétiser. Cependant, nous devons connaître les différentes manières par lesquelles le don peut se manifester lorsque nous prophétisons. La prophétie est l'un des neuf dons de l'Esprit énumérés dans 1 Corinthiens 12. Dans ce chapitre, je veux parler des onze canaux du prophétique.

Les illustrations qui suivent, tirées de la Parole de Dieu, nous fournissent une plate-forme pour comprendre et exercer ce don à travers les onze canaux du don de prophétie. Je crois dans l'imposition des mains pour transmettre le don prophétique et nous l'exerçons dans nos églises à Eagle Worldwide Ministries. Mon épouse Mave qui opère puissamment dans le chant prophétique reçoit souvent un message du Seigneur, à travers ce canal du prophétique, qu'elle transmet durant la louange. Lorsque cela se produit, toute la célébration prend la direction que le Saint-Esprit donne à travers ce chant prophétique. Le message que j'avais préparé est remplacé par la direction que j'ai reçue du Saint-Esprit à travers le chant prophétique.

Nous sommes une église prophétique, instruisant des gens prophétiques et vous pouvez voir le don prophétique en opération dans tous les services. Personnellement, je marche dans le ministère du prophète et vous pouvez voir cette fonction se manifester dans une dimension plus élevée par l'onction qui l'accompagne pour déclarer l'agenda de Dieu.

En tant qu'Église, nous devons permettre aux onze canaux de la prophétie de couler dans nos vies et dans nos assemblées, en accord avec la Parole de Dieu. Nous serons capables de voir et entendre plus clairement ce que Dieu dit au fur et à mesure que nous opérerons dans chaque domaine et les utiliserons de plus en plus.

1. Le collège des anciens

1 Timothée 4.14
Ne néglige pas le don qui est en toi et qui t'a été donné par la prophétie, avec l'imposition des mains du collège des anciens.

Actes 13.2-3
Pendant qu'ils célébraient le culte du Seigneur et qu'ils jeûnaient, le Saint-Esprit dit : Mettez-moi à part Barnabas et Saul pour l'œuvre à laquelle je les ai appelés. Alors, après avoir jeûné et prié, ils leur imposèrent les mains et les laissèrent partir.

Vivre dans le prophétique

La dimension du prophétique permet de reconnaître ceux qui sont appelés dans l'un des cinq ministères du Seigneur et de les envoyer dans leur appel. Cela inclut : l'imposition des mains par des hommes et des femmes qui possèdent les qualifications d'un collège des anciens (c'est-à-dire qui sont formés pour avoir l'autorité spirituelle reconnue) pour envoyer dans leur appel ceux qui ont prouvé qu'ils sont appelés dans un ministère de leadership ; pour l'ordination de ceux qui sont appelés dans l'un des cinq ministères que Jésus a donnés à son Église, pour confirmer et activer les ministères.

2. L'évangélisation Prophétique (Philippe et l'eunuque dans Actes 8)

L'exemple le plus fameux de cette dimension du prophétique est celui de l'évangélisation de la femme que Jésus a rencontrée près du puits en Samarie. Dieu peut parler à des individus ou des groupes et donner des informations spécifiques (c'est-à-dire : qui, quoi, pourquoi, où, quand) qui vont les toucher et ouvrir la porte pour parler de l'Évangile et même les conduire à Jésus. Ce genre d'action prophétique peut impacter des individus autant que des groupes.

Note : Ne soyons pas ceux qui attendent. C'est toujours la volonté de Dieu que nous évangélisions et cela fait partie de la grande mission : « Allez » (Matthieu 28.19).

3. La prédication prophétique

1 Pierre 4.11
Si quelqu'un parle, que ce soit selon les oracles de Dieu ; si quelqu'un sert, que ce soit par la force que Dieu lui accorde, afin qu'en toutes choses Dieu soit glorifié par Jésus-Christ, à qui appartiennent la gloire et la puissance aux siècles des siècles. Amen !

Vous est-il déjà arrivé d'entendre deux personnes parler de quelles manières complètement différentes le Seigneur leur a parlé à travers la même prédication ? Dieu peut utiliser le même message prophétique qui est prêché pour parler directement dans le cœur de plusieurs personnes exactement de la manière dont ils ont besoin de l'entendre. Cela exige que la personne qui apporte le message ait non seulement prié le Seigneur pour apporter la bonne parole, mais qu'elle laisse aussi le Seigneur parler à travers elle prophétiquement au cours du message.

La prophétie vient de l'inspiration divine et de la compréhension de la révélation. Dans le contexte d'une prédication, il peut ne pas y avoir d'introduction telle que « Ainsi parle le Seigneur », mais il peut être évident qu'une parole prophétique est donnée.

4. La prophétie des Écritures

2 Pierre 1.20-21
Avant tout, sachez qu'aucune prophétie de l'Écriture ne peut être l'objet d'interprétation particulière, car ce n'est nullement par une volonté humaine qu'une prophétie n'a jamais été présentée, mais c'est poussés par le Saint-Esprit que des hommes ont parlé de la part de Dieu.

La prophétie provenant des Écritures est la seule prophétie qui peut être reconnue comme étant infaillible. Nous voyons présentement une grande révélation de la prophétie des temps de la fin, mais nous voyons aussi la Parole de Dieu devenir vivante pour que l'Église avance, se mobilise et soit équipée. Des vérités fondamentales sont rétablies. Toutes les autres paroles prophétiques doivent être jugées par la Parole écrite.

5. L'Esprit de Révélation

Apocalypse 19.10
Le témoignage de Jésus est l'esprit de la prophétie.

L'onction du Saint-Esprit peut rendre une personne capable de parler sous l'inspiration de Dieu alors que cette dernière n'a pas le don de prophétie et n'est pas appelée dans le ministère du prophète. Dieu peut utiliser une personne qui n'exerce pas habituellement le don de prophétie dans une situation particulière et il arrive souvent qu'elle ne l'exercera plus par la suite. Le roi Saul et Balaam sont deux exemples bibliques qui illustrent cela. Dieu peut utiliser n'importe qui pour témoigner de Jésus !

6. Le ministère du Prophète
(Voir 1 Corinthiens 12.28 et Actes 13.1)

Le ministère du Prophète fait partie des cinq ministères énumérés dans Éphésiens 4.11 et qui ont été donnés par Jésus pour équiper les saints. Tous ceux qui sont appelés dans le ministère du prophète ont le don de prophétie, mais ne sont pas prophètes tous ceux qui ont le don de prophétie. Ceux qui sont appelés dans le ministère du prophète sont équipés pour fonctionner dans une dimension plus élevée que ceux qui exercent le don de prophétie.

1 Corinthiens 12.28
Et Dieu a établi dans l'Église premièrement des apôtres, deuxièmement des prophètes, troisièmement des docteurs ; ensuite il y a le don des miracles, puis les dons de guérir, de secourir, de gouverner, de parler diverses sortes de langues.

Lorsque quelqu'un marche dans le ministère du prophète, il commence à entrer dans les domaines de direction, de l'instruction, de la réprimande, de la correction et de la révélation. Les prophètes sont spécialement oints pour percevoir ce qu'il y a dans l'agenda de Dieu pour la restauration de l'Église et sont appelés à lancer un son clair, révélant le cœur de Dieu et son désir pour son Épouse et son Armée.

Ceux qui sont appelés par Dieu dans le ministère du prophète vont souvent prophétiser sur les régions, des dirigeants, des nations ou des pays, déclarant ce que Dieu va faire. Ils peuvent même apporter des paroles de corrections comme les prophètes de l'Ancien Testament l'ont fait. Ceux qui exercent le don prophétique et qui ne sont pas nécessairement des prophètes, vont donner des paroles qui vont édifier, exhorter et encourager le Corps de Christ. Ce sont deux opérations différentes : le ministère versus le don.

7. Le don de Prophétie
(Voir 1 Corinthiens 12.10, 14.1-4, 6, 22, 24 et 31)

La principale fonction du don prophétique est l'édification, l'exhortation et l'encouragement pour la ou les personnes auxquelles cela s'adresse (Voir 1 Corinthiens 14.3). La prophétie devrait édifier l'Église (voir verset 4).

1 Corinthiens 12.10
À un autre, le don d'opérer des miracles ; à un autre, la prophétie ; à un autre, le discernement des esprits ; à un autre, diverses sortes de langues ; à un autre, l'interprétation des langues.

Romains 12.6
Mais nous avons des dons différents, selon la grâce qui nous a été accordée : si c'est la prophétie, que ce soit en accord avec la foi.

Le don de prophétie est l'un des neuf dons par lesquels le Saint-Esprit se manifeste. C'est le don, lors des rassemblements, que nous voyons souvent en opération pour encourager nos frères et nos sœurs alors que nous transmettons le message du Seigneur.

8. Le Chant du Seigneur

Colossiens 3.16
Que la parole du Christ habite en vous avec sa richesse, instruisez-vous et avertissez-vous réciproquement, en toute

sagesse, par des psaumes, des hymnes, des cantiques spirituels ; sous l'inspiration de la grâce, chantez à Dieu de tout votre cœur.

Une onction particulière vient sur certains chants et certains psalmistes qui prophétisent en chantant lorsqu'il se produit un nouveau mouvement du Saint-Esprit. Il y a une onction fraîche aujourd'hui dans le Corps de Christ pour la louange prophétique et des prophéties données à travers le chant.

9. Les Prières Prophétiques

Il arrive parfois durant l'intercession qu'une personne prie prophétiquement en déclarant des choses qui viennent du Saint-Esprit. Ceci peut représenter un temps incroyable de proclamations prophétiques.

Jérémie 27.18
S'ils sont prophètes et si la parole de l'Éternel est avec eux, qu'ils intercèdent donc auprès de l'Éternel des armées pour que les objets qui restent dans la maison de l'Éternel, dans la maison du roi de Juda et dans Jérusalem, ne s'en aillent pas à Babylone.

10. Rêves et Visions

Nombres 12.6
Il a dit : Écoutez bien mes paroles ! Lorsqu'il y aura parmi vous un prophète, c'est dans une vision que moi, l'Éternel, je me ferai connaître à lui, c'est dans un songe que je lui parlerai.

Dieu aspire encore aujourd'hui à parler à son peuple à travers les rêves et les visions comme il l'a fait dans les jours anciens. Demandez à Dieu de vous ouvrir la dimension extraordinaire qui permet d'entendre et de voir ce qui est invisible à l'œil et l'oreille naturels !

11. La Dimension Visionnaire

Actes 2.17-18

Dans les derniers jours, dit Dieu, je répandrai de mon Esprit sur toute chair ; vos fils et vos filles prophétiseront, vos jeunes gens auront des visions, et vos vieillards auront des songes. Oui, sur mes serviteurs et sur mes servantes, dans ces jours-là, je répandrai de mon Esprit ; et ils prophétiseront.

La dimension visionnaire n'inclut pas uniquement de voir la vision et sa direction, mais consiste aussi à recevoir le mandat que Dieu donne à une église, un ministère, un peuple, une famille, un individu ou une compagnie. Dieu a dit que son peuple périt lorsqu'il n'a pas de vision ! Dieu veut ouvrir les yeux de notre compréhension afin que soyons capables de voir la dimension qu'il a pour nous. Devenons des gens de vision – voyant, croyant, et marchant dans les voies que le Seigneur a préparées pour nous.

J'espère que cet enseignement vous a aidé à comprendre de quelles manières variées Dieu utilise les dimensions et les canaux du prophétique à travers des serviteurs aujourd'hui. Je veux, encore une fois, vous recommander mon livre : *Night Watch : Unlocking Your Destiny through Dreams and Visions*. (Version en Français aussi disponible). De nombreuses personnes ont témoigné avoir reçu une impartition de rêves prophétiques ainsi que des rêves d'interprétation à travers la lecture de ce livre, car j'y raconte des expériences vécues par rapport à la manière dont Dieu m'a parlé pour me guider dans mes entreprises, mes décisions personnelles ainsi que celles pour le ministère à travers les rêves et les visions.

Père, je prie que les yeux de nos cœurs soient ouverts par tes révélations, que nous marchions dans tout ce que tu as pour nous, que nous soyons sages avec le don prophétique et dans la manière dont nous touchons les autres avec ce don.

Père, je te remercie que tu aies choisi de mettre tes paroles dans nos bouches, que nous soyons utilisés pour édifier, exhorter et réconforter les hommes et les femmes, que tout soit fait dans l'amour et que nombreux soient ceux qui te connaîtront à travers ce don.

Dans le nom de Jésus.

Amen !

Chapitre 6

LES NOMBREUX DONS DE L'ESPRIT ET LEUR FONCTION

1 Corinthiens 14.1

Recherchez l'amour. Aspirez aux dons spirituels, mais surtout à celui de prophétie.

L'enseignement qui suit sur les dons de l'Esprit comprend une section dans laquelle je souligne et décris brièvement trente-six dons spirituels, classés en cinq catégories : (1) Les cinq ministères, (2) Les dons de leadership dans l'église, (3) Les neufs dons représentant la manifestation du Saint-Esprit, (4) Les dons pour le service et (5) Les dons spéciaux. J'ai donné des explications brèves et des concepts simples. J'espère qu'à l'aide des informations fournies, dans cette section, vous serez en mesure d'avoir une idée au sujet des dons que vous sentez posséder ou qui vous ont été donnés.

Je veux partager avec vous quelques-uns des enseignements que l'apôtre Paul a envoyé à l'Église de Corinthe au sujet des dons de l'Esprit. Ces enseignements sont les plus condensés et les plus percutants au sujet des dons de l'Esprit qui nous aient été donnés dans la Parole.

Je crois que le Saint-Esprit a choisi Paul pour apporter ces enseignements au Corps de Christ parce qu'il est celui qui a le plus opéré dans ces dons dans le Nouveau Testament. Les saints à Corinthe étaient intelligents, prospères et doués, et le Saint-Esprit aurait pu choisir de parler des dons à travers Pierre ou n'importe quel autre apôtre. Pourquoi ne pas choisir Jacques ? Jacques était à la tête du concile de Jérusalem. Il était l'apôtre des apôtres. Pourtant, le Saint-Esprit a choisi Paul. Je crois que c'était parce qu'il savait que les Corinthiens (ou vous et moi) ne pourraient pas contester les connaissances de Paul, sa compréhension et son expérience des dons parce qu'il les vivait et les manifestait.

Paul était un homme de l'Esprit. Vous pouvez faire du ministère dans le naturel ou en Esprit. Paul a dit :

1 corinthiens 2.1-5

Pour moi frères, lorsque je suis allé chez vous, ce n'est pas avec une supériorité de langage ou de sagesse que je suis allé vous annoncer le témoignage de Dieu. Car je n'ai pas jugé bon de savoir autre chose parmi vous, sinon Jésus-Christ, et Jésus-Christ crucifié. Moi-même j'étais auprès de vous dans un état de faiblesse, de crainte et de grand tremblement ; ma parole et ma prédication ne reposaient pas sur les discours persuasifs de la sagesse, mais sur une démonstration d'Esprit et de puissance, afin que votre foi ne soit pas (fondée) sur la sagesse des hommes mais sur la puissance de Dieu.

Vivre dans le prophétique

Paul a fait son choix et c'était de marcher en Esprit. J'ai fait le même choix. Et vous, qu'en est-il ?

Dans son enseignement, Paul a décrit les cinq ministères et les neuf dons de l'Esprit.

Paul a parlé tout au long du chapitre 13 du don puissant et merveilleux de l'amour, nous disant que si les dons ne sont pas exercés dans l'amour, il n'y aura que du vide et un son creux. Lorsqu'ils sont exercés avec foi et amour, il y aura une profondeur dans les dons qui va impacter chaque personne.

Presque tout le chapitre 14 parle du don de prophétie. Comme vous le savez sûrement maintenant, la prophétie est mon don principal. C'est pourquoi j'aime le chapitre 14. Paul a commencé ce chapitre avec une directive très puissante pour vous et moi :

1 Corinthiens 14.1

Recherchez l'amour. Aspirez aux dons spirituels, mais surtout celui de prophétie.

Laissez-moi vous rappeler encore une fois que Paul a ouvert sa discussion au sujet des dons spirituels par ces paroles puissantes :

1 Corinthiens 12.1

Pour ce qui concerne les dons spirituels, je ne veux pas, frères, que vous soyez dans l'ignorance.

Paul a clos la discussion sur les dons spirituels avec des paroles aussi puissantes que les précédentes.

LES NOMBREUX DONS DE L'ESPRIT ET LEUR FONCTION

1 Corinthiens 14.40
Mais que tout se fasse avec bienséance et avec ordre.

Encore une fois, je crois que c'est par un concept divin que le Saint-Esprit a choisi Paul pour apporter cet enseignement très important à l'Église. Il comprenait comment marcher dans les dons spirituels et on le voit par ses voyages, l'évangélisation ainsi que l'établissement des églises parmi les Gentils. Révisons quelques déclarations clés de la part de Paul dans ces chapitres.

Premièrement et avant toutes choses, Dieu ne veut pas que nous soyons ignorants de ces choses. Il est évident qu'il veut que nous soyons bien informés et que nous en ayons aussi la compréhension. Le Seigneur a conduit Paul à les partager parce qu'il voulait que nous ayons une compréhension pratique de ces choses.

Paul a écrit :

1 Corinthiens 12.4
Or il y a diversité de dons, mais le même Esprit.

Dans les versets 8 à 10 du même chapitre, Paul a continué en donnant la liste des neufs dons du Saint-Esprit. Ces derniers sont des dons de ministère qui comprennent la prophétie, la parole de connaissance, la parole de sagesse, le don de guérison, le don des miracles, le discernement des esprits, le don des langues, l'interprétation des langues et finalement le don de la foi.

La plupart d'entre nous avons vu ces dons en opération sans amour et nous pouvons témoigner qu'il y avait une dureté et un vide évident qui ont rendu ce qui était dit très difficile à recevoir.

Vivre dans le prophétique

Dans 1 Corinthiens 12.5, Paul a dit qu'il y a diversité de services, mais le même Seigneur. Je crois que Dieu veut que nous comprenions que lorsque nous allons d'une assemblée à l'autre, dans différents cadres, il y a différents services et autorités spirituelles. Cela requiert d'être en relation avec l'autorité locale, de la reconnaître et de comprendre le protocole de la maison. Cela nous assure de ne pas perturber l'ordre établi lorsque nous utilisons les dons et que nous nous adapterons et nous nous soutiendrons les uns les autres. Par conséquent, nous ferons toutes choses « décemment et dans l'ordre. »

Paul nous dit dans le verset 6, toujours du même chapitre, qu'il y a diversité d'opérations, mais le même Dieu qui opère en nous. Cela nous apprend que chacun de nous va opérer de manière unique sous l'onction du Saint-Esprit. Je crois personnellement que notre Dieu est un Dieu qui respecte l'individualité de chacun. Il nous oint personnellement et il n'est pas un Dieu d'emporte pièce. Il est un Dieu créatif et il veut que nous soyons nous-mêmes et non pas que nous imitions une autre personne. Alors, soyez vous-mêmes.

Vous devriez étudier tout l'enseignement de Paul aux Corinthiens concernant les dons spirituels si vous désirez opérer dans les dons du Saint-Esprit et que vous savez être appelés à faire du ministère dans l'Esprit. Choisissez une version de la Bible facile à lire et à comprendre et étudiez 1 Corinthiens 12.1 à 14.4.

Voici maintenant cette liste des dons spirituels comprenant une brève définition, et classés dans les cinq catégories mentionnées. Lisez-les et essayez d'identifier ceux que vous sentez que Dieu a activé en vous parce que cette parole, « pour ce qui est des manifestations spirituelles frères, je ne veux pas que vous soyez ignorants, » est pour vous.

Que le Seigneur vous bénisse richement et remue en vous à nouveau les dons et la puissance de son Esprit, et qu'il y ait un transfert et une compréhension qui vous permettra de démontrer et manifester son amour.

LES CINQ MINISTÈRES

Éphésiens 4.11-12
C'est lui qui a donné les uns comme apôtres, les autres comme prophètes, les autres comme évangélistes, les autres comme pasteurs et docteurs, pour le perfectionnement des saints. Cela en vue de l'œuvre du service et de l'édification du Corps de Christ,

APÔTRES

Le ministère de l'apôtre est reconnaissable par les dons et les talents spéciaux, que Dieu donne à une personne dans le corps de Christ, pour assumer et exercer un rôle de gouvernance sur un certain nombre d'églises, de ministères ou une dénomination. C'est l'un des dons fondamentaux décrits dans Éphésiens 2.20. L'apôtre a souvent reçu la puissance et l'autorité pour planter, établir et bâtir des églises et généralement il supervise et répond aux besoins d'autres leaders. Celui qui est le pasteur d'autres pasteurs en est un exemple.

PROPHÈTES

Ce don de ministère se trouve aussi dans la catégorie des ministères fondamentaux pour bâtir, diriger et développer des églises et des leaders. Un prophète va souvent avoir un don de prophétie extraordinairement puissant et les gens vont sentir que ses paroles sont divinement ointes et confirment d'autres paroles prophétiques qui ont été données. Les Prophètes sont doués pour recevoir et communiquer la parole, le message et une direction de la part du Seigneur à son Corps. Ils vont souvent être appelés à former d'autres voix prophétiques et ils vont enseigner et prêcher avec une grande connaissance de la révélation des concepts et de la Parole de Dieu.

ÉVANGÉLISTES

Nous tous, dans le Corps de Christ, sommes appelés à gagner des âmes, mais l'évangéliste est un individu qui occupe un ministère dans l'Église et qui a une faim extraordinaire pour les âmes. Ces individus vont souvent être impliqués dans le développement des programmes de sensibilisation pour aider les autres à participer dans des activités pour sauver des âmes. Les Évangélistes ont une grande passion pour prêcher l'Évangile de Jésus Christ. Ils ont habituellement une grande crainte de l'Éternel et l'onction sur leurs vies va attirer les gens en grand nombre pour entendre la proclamation de la vérité publiquement et en privé.

ENSEIGNANTS

Le ministère pour enseigner est l'habileté spéciale que Dieu donne à certains membres du Corps de Christ pour communiquer l'information pertinente à la santé et le ministère du Corps d'une manière qui permet à tous d'apprendre rapidement et facilement. Cette personne est décrite dans les Écritures comme étant « apte à l'enseignement » (1 Timothée 3.2 et 2 Timothée 2.24).

PASTEURS

Le don de Pasteur est cette habileté spéciale que Dieu donne à certains membres du Corps de Christ pour assumer à longs termes la responsabilité du bien-être spirituel d'un groupe de croyants. Un Pasteur aura clairement le cœur d'un berger. Il se préoccupera des gens que le Seigneur a placés sous ses soins d'une manière très personnelle, devenant souvent impliqué dans leur croissance spirituelle, le counseling, apportant direction, réconfort et force dans les temps de difficultés personnelles. Il exhorte ceux qui lui sont confié à atteindre les buts que Dieu a déterminés pour leurs vies et à utiliser leurs dons.

Dans une grande église, un pasteur va développer une équipe qui va voir à travailler avec les individus pour prendre soin d'eux. Une partie de leurs tâches va inclure des visites à la maison et à l'hôpital, l'organisation de services dans l'église et autres programmes au niveau de l'église locale.

DONS DE LEADERSHIP

Selon la structure biblique pour l'église, qui nous a été donnée par l'apôtre Paul, il y trois catégories de leadership : (1) l'Évêque (2) les Diacres (3) Les Anciens.

LES ÉVÊQUES
(VOIR 1 TIMOTHÉE 3.1-7)

La personne qui est appelée dans le ministère de l'évêque est le superviseur spirituel d'une ou de plusieurs églises ou de ministères. L'évêque ne va pas seulement superviser et être le pasteur de pasteurs, mais il va aussi présider les célébrations et les évènements reliés au réseau spirituel qu'il supervise. Dans un réseau de ministères, l'évêque va faire partie du conseil d'administration des anciens qui certifient, accréditent et ordonnent les ministres de Dieu.

LES DIACRES

Paul a enseigné au sujet du rôle des diacres dans 1 Timothée 3.8-13 (détaillant, principalement, les qualités du caractère qui sont exigées). Dans le livre des Actes, chapitre 6, les apôtres choisissent sept diacres (qui incluent Stéphane et Philippe), pour accomplir le ministère quotidien. La position de diacre correspond souvent à l'accomplissement de tâches pratiques.

Dans Actes 6 les diacres servent aux tables pour rencontrer les besoins des veuves. Peu de temps après, dans Actes 7, nous voyons Stéphane qui est sorti et qui a commencé à prêcher, confrontant les faux dirigeants spirituels de ce temps-là. Il est ainsi devenu le premier martyr Chrétien. Dans Actes 8, Philippe commence à évangéliser dans la ville de Samarie, prêchant avec une grande puissance et il se produit un grand mouvement de l'Esprit par des signes, des prodiges et des miracles.

Les diacres peuvent aussi baptiser, comme Philippe l'a fait avec l'eunuque Éthiopien. Dans Actes 21, le même Philippe, avec ses quatre filles qui étaient prophétiques, reçoit Paul et tout son groupe à Césarée, exerçant, encore une fois, son don d'hospitalité.

LES ANCIENS

Paul parle des anciens dans 1 Timothée 5.17-22. Certains seront dans l'un des cinq ministères que Jésus a donnés à l'Église, d'autres présideront et d'autres encore prendront part à la prédication et à l'enseignement de la Parole. Paul dit aussi que les anciens sont des ouvriers qui méritent leur salaire et qui ne doivent pas être accusés à la légère ou sans de multiples confirmations. Pierre a dédié le premier chapitre de sa première lettre aux anciens et se considérait lui-même comme étant un ancien. Il a exhorté d'autres anciens à nourrir le troupeau, à veiller, à être des Chrétiens exemplaires et des bergers soumis au Seigneur.

LES NEUFS DONS DU SAINT-ESPRIT
(Dons de Ministère)

Ces dons sont résumés dans les enseignements de Paul au début de 1 Corinthiens 12.1, où il mentionne, comme nous l'avons vu, « Pour ce qui concerne les dons spirituels, je ne veux pas, frères que vous soyez dans l'ignorance » et il complète ses enseignements sur les dons et leur opération dans 1 Corinthiens 14.40, où il nous exhorte à utiliser ces dons « avec bienséance et avec ordre. »

Les dons du Saint-Esprit sont accessibles pour tous les croyants, pour l'édification du Corps de Christ et ne sont pas uniquement réservés à ceux qui remplissent un rôle de leadership ou qui sont dans les cinq ministères.

LES DONS DE RÉVÉLATION

LA PROPHÉTIE

Par le don de prophétie, Dieu dépose un message dans le cœur d'un individu, lui permettant de recevoir et communiquer ce message à d'autres individuellement ou au Corps de Christ en général ou parfois sur des villes et des nations. Tous ceux qui prophétisent ne sont pas nécessairement des prophètes, mais chaque prophète aura un don prophétique très spécial.

Le modèle prophétique du Nouveau Testament se trouve dans un 1 Corinthiens 14.3, qui indique que ces dons doivent être utilisés pour exhorter, encourager et édifier.

LA PAROLE DE CONNAISSANCE

Par ce don, Dieu dépose souverainement dans l'esprit d'un croyant une parole de connaissance, ou une information qui est inconnue pour ce dernier dans le naturel. Cette information lui permet d'apporter conseil, direction ou un concept divin qui aura un effet spécial chez la personne qui reçoit cette information. Nous avons un exemple de cela lorsque le Seigneur a fait du ministère à la femme qui était près du puits. Il lui a parlé de ses relations personnelles et ce qu'il savait à son sujet l'a conduite à la repentance et la reconnaissance qu'il était de Dieu.

LA PAROLE DE SAGESSE

Par ce don, Dieu dépose dans l'esprit du croyant une sagesse divine qui va l'aider à faire du ministère, donner un conseil ou une direction à un autre croyant ou au Corps de Christ. Parfois, une parole de sagesse peut être donnée afin qu'un croyant l'utilise pour prêcher ou enseigner, apportant orientation, direction ou changement au Corps de Christ. Dans la rencontre avec la femme au puits, Jésus lui a donné une parole de sagesse en lui disant que Dieu recherchait des adorateurs en Esprit et en vérité.

LE DON DES LANGUES

Le don des langues est l'habileté spéciale que Dieu donne à certains membres du Corps de Christ pour (a) parler à Dieu dans un langage qu'ils n'ont jamais appris et/ou (b) recevoir et communiquer un message immédiat de la part de Dieu à son peuple à travers une énonciation divinement ointe, donnée dans un langage qu'ils n'ont jamais appris. Cela exige donc que le message soit interprété.

L'INTERPRÉTATION DES LANGUES

Ce don confère l'habileté pour traduire et transmettre le sens général d'un message qui a été donné à quelqu'un en langues.

LES DONS DE PUISSANCE

LA FOI

Le don de la foi est l'habileté spéciale donnée par Dieu, à un moment précis, pour discerner avec une confiance extraordinaire la volonté et les desseins de Dieu pour ses œuvres.

OPÉRER DES MIRACLES

Le don des miracles est donné pour être des intermédiaires à travers lesquels Dieu accomplit des actes puissants qui sont visibles aux observateurs et qui changent le cours naturel des choses.

DON DE GUÉRISON

Le don de guérison est donné pour être des intermédiaires à travers lesquels Dieu guérit des maladies et restaure la santé des personnes de manière surnaturelle.

DONS DE SERVICES

Ces catégories de dons sont données aux individus qui remplissent un rôle de soutien important dans le ministère offert au Corps de Christ, surtout dans l'église et dans des ministères parallèles à l'église. Souvent, ces dons sont utilisés pour soutenir le travail pastoral de l'église par une application pratique du ministère.

EXHORTATION

Le don d'exhortation rend la personne qui le reçoit capable d'apporter des paroles de réconfort, de consolation, d'encouragement et de conseil aux autres membres du Corps d'une manière telle que ces derniers se sentent aidés et guéris.

DONNER

Le don de donner se reconnaît chez certains membres du Corps de Christ qui sont destinés à soutenir les œuvres du Seigneur avec leurs ressources matérielles avec libéralité et joie.

AIDANTS

Ce don, est encore une fois donné par Dieu à certains individus du Corps de Christ qui investissent les talents qu'ils ont reçus dans la vie et le ministère des membres du Corps, rendant les autres ainsi capables d'augmenter l'efficacité de leurs propres dons spirituels.

MISÉRICORDE

Ce don rend, ceux qui l'ont reçu, capables de ressentir de l'empathie et de la compassion pour les individus qui souffrent de problèmes physiques, mentaux ou émotionnels et de traduire cette compassion par des actions joyeuses qui reflètent l'amour de Christ et soulagent ceux qui souffrent.

HOSPITALITÉ

Le don de l'hospitalité conduit certains membres du Corps de Christ à ouvrir leur maison et à accueillir chaleureusement ceux qui ont besoin d'être logés et nourris.

LEADERSHIP

Le don de leadership est une habileté donnée par Dieu et ceux qui le reçoivent sont capables de fixer des buts en accord avec les desseins de Dieu pour le futur et de communiquer ces buts d'une manière qui fait en sorte que ceux qui les suivent travaillent ensemble volontairement et en harmonie pour les atteindre.

INTERCESSION

Le don pour l'intercession confère la capacité, à ceux qui le reçoivent, de prier sur de longues périodes de temps sur une base régulière et de voir des réponses spécifiques à leurs prières, à un degré plus grand que ce qui est attendu de la part de Chrétiens qui ne l'ont pas reçu.

SERVICE

Le don de service, donné par Dieu à certains membres du Corps de Christ, les rend capables d'identifier les besoins exigés par une tâche reliée à l'œuvre de Dieu et de savoir comment utiliser les ressources pour rencontrer ces besoins et aider à atteindre les résultats désirés.

ADMINISTRATION

Le don pour administrer confère l'habileté pour comprendre clairement les buts immédiats ou à longs termes d'une unité particulière du Corps de Christ et de construire un plan d'exécution efficace pour l'accomplissement de ces buts.

LES DONS SPÉCIAUX

LE CÉLIBAT

Le don de célibat est un don de Dieu qui rend la personne capable de demeurer célibataire, de ne pas être mariée et d'être heureuse sans jamais souffrir de sa situation. Parfois, par la grâce de Dieu, nous pouvons recevoir ce don sur une base temporaire pour nous aider à attendre la personne que Dieu a choisie pour être notre époux ou épouse. La Parole de Dieu dit clairement que personne ne devrait être empêché de se marier, mais certains sont appelés par Dieu et ordonnés pour demeurer célibataires. Cela ne devrait jamais être un choix humain, mais plutôt une réponse à un appel venant de Dieu.

MARTYR

Ce don rend la personne, qui le reçoit, capable d'endurer la souffrance par la foi, même jusqu'à en mourir, tout en démontrant constamment une attitude joyeuse et victorieuse qui glorifie Dieu.

L'AMOUR

Les personnes qui reçoivent le don de l'amour sont capables de le propager. Nous sommes tous appelés à aimer, mais ces personnes ont un amour spécial.

Maintenant, avant de terminer ce chapitre, je voudrais prier pour vous afin que vous receviez les dons spirituels. Paul a écrit aux croyants à Rome :

Romains 1.11-12

Car je désire vivement vous voir, pour vous communiquer quelque don spirituel, afin que vous soyez affermis, ou plutôt, afin que, chez vous, nous soyons encouragés ensemble par la foi qui nous est commune, à vous et à moi.

Vivre dans le prophétique

Unissons immédiatement notre foi et croyons pour une impartition des dons spirituels, afin que notre Père vous établisse dans votre don et votre appel.

Père Éternel, je viens à toi dans le nom de Jésus-Christ, celui qui donne tous les dons par la puissance du Saint-Esprit. Je te remercie pour une impartition, une fortification, pour un soutien venant du ciel pour mes frères et sœurs, que tu stimules à nouveau, en eux, tous les dons et toute la puissance du Saint-Esprit.
Dans le nom de Jésus,
Amen !

Chapitre 7

LES COURANTS PROPHÉTIQUES

1 Pierre 2.9

Vous, par contre, vous êtes une race élue, un sacerdoce royal, une nation sainte, un peuple racheté, afin d'annoncer les vertus de celui qui vous a appelés des ténèbres à son admirable lumière.

Nous entrons dans l'un des temps les plus excitants que la terre ait jamais vu. L'armée des temps de la fin se lève. C'est une armée qui émerge globalement comme une nation distincte. La Bible l'appelle « une nation sainte. » C'est une nation dont les armes de combat ne seront pas tournées envers la chair et le sang, mais utilisées pour renverser les forteresses.

C'est une armée de gens qui connaissent leur Dieu et ses voies. Des gens qui se lèvent et sortent, des gens qui entendent le battement du cœur de leur Père et le laisse les équiper et être prêts à reprendre à l'ennemi ce qui a été volé. Ils sont prêts à piller les sept montagnes du monde et à marcher dans l'unité puisque nous marchons dans un seul Esprit – le Saint-Esprit.

Vivre dans le prophétique

Dans ce chapitre, je veux vous faire prendre conscience de la manière dont les différents courants dans l'Esprit, travaillant dans le cœur du peuple de Dieu, coulent lorsque nous marchons dans sa sagesse et sa stratégie. L'onction prophétique consiste à appeler à l'existence des choses qui ne le sont pas comme si elles étaient, selon ce que nous entendons le Père dire. Je crois que cette armée prophétique des temps de la fin va marcher ensemble dans plusieurs onctions et une variété de courants prophétiques.

Nous sommes dans les jours du prophète Élie et ce sont les jours de la récolte ! La récolte est ici et la récolte est pour maintenant ! Partout où je regarde, où je vais et où je me retourne, les champs sont blancs et prêts pour la récolte.

L'armée des temps de la fin de Dieu veut dire d'avoir l'onction du prophète Élie, de préparer la voie du Seigneur, de faire des proclamations audacieuses, déclarant le royaume de Dieu et confrontant le péché ainsi que l'ennemi. Cela était l'onction qui se trouvait sur Jean Baptiste lorsqu'il a préparé la voie pour le ministère de Jésus.

J'étais à Ashland, Virginia, au Calvary Pentecostal Camp, à l'été 2000 et un jour, durant la louange, j'ai reçu une vision de la carte géographique de l'Amérique du Nord. Elle ressemblait à une carte météorologique. Dans ma vision, des ruisseaux et des rivières semblaient toutes couler vers le centre, dans une grande rivière qui allait droit au milieu de la carte. Ensuite la scène a changé et je voyais maintenant un champ de maïs et Jésus est sorti de ce champ. Il marchait dans l'eau qui allait jusqu'à ses chevilles. Je regardais ses mains et ses pieds qui n'avaient aucune cicatrice.

Ensuite, j'ai vu des jeunes gens. Ils étaient d'abord cinq, ensuite dix, ensuite vingt et ils sortaient du champ de maïs derrière Jésus. C'est alors que le Seigneur m'a parlé et a dit : « Lorsque les différents courants de l'onction, les différents courants de l'Esprit et les cœurs de mes enfants vont commencer à couler ensemble, sache qu'il y aura un immense mouvement de l'Esprit à travers l'Amérique du Nord. Je vais passer directement au centre. »

J'ai demandé au Seigneur pourquoi il n'avait aucune cicatrice sur ses mains et ses pieds.

Il m'a répondu : « Lorsque mon corps (constitué de ceux qui m'appartiennent) sortira pour la récolte, ils vont avancer guéris et complets. »

Le Seigneur m'a dit qu'il y aurait une grande récolte chez les jeunes et je crois que nous entrons rapidement dans cette saison. Lorsque nous commençons à marcher en unité et que différents courants coulent ensemble, nous assistons au prélude de la récolte.

Je ne parle pas seulement de l'onction prophétique de Élie. Je parle aussi de l'onction de Josué pour traverser et occuper le territoire. Je parle aussi de l'onction de Jean, celui à qui le futur fut révélé. Il a reçu la plus grande révélation qui ait été rapportée. Il était l'ami de Jésus et cette nuit où Jésus fut trahi, Jean a posé sa tête sur la poitrine du Seigneur pour entendre le battement de son cœur.

La génération actuelle est celle qui va chercher le cœur de Dieu, pas sa main. Le cri de leur cœur sera la louange et l'intimité. Je crois que l'onction prophétique qui est présentement déversée sur l'Église est celle qui était sur les fils d'Issacar :

1 Chroniques 12.33
Des fils d'Issacar, ayant la connaissance du discernement des temps pour reconnaître ce que devait faire Israël, 200 chefs et tous leurs frères sous leurs ordres.

C'est ce dont nous avons besoin. Pas uniquement des visions, mais des stratégies pour connaître le cœur et le temps de Dieu pour notre génération. Cette génération est celle des temps de la fin, composée de guerriers et des servantes des temps de la fin adéquatement préparés et positionnés. Comme l'armée de Joël, ils grimperont les murs. Des hommes puissants qui vont comprendre l'autorité spirituelle et qui ne briseront pas les rangs. Ils vont conquérir les vrais problèmes de la vie et impacter leurs cités et nations. Ces derniers seront des hommes et des femmes qui vivent par la foi, entendent la voix de Dieu et sont dirigés par son Esprit. Ils sont les fils et filles de Dieu.

Commençons, vous et moi, à chercher Dieu pour une parole plus élevée, plus profonde et certaine. Cette parole ne nous dira pas seulement ce qu'il veut, mais aussi ce qu'il veut que nous fassions et de quelle manière. Sa vision va procurer la stratégie nécessaire. Consultons-le pour recevoir un plan d'action.

Vous et moi sommes les ouvriers de la récolte et nous sommes dans les jours de la récolte. Jésus est le Seigneur de la récolte et il est en alliance avec notre semence. La Bible l'appelle « l'alliance perpétuelle » (voir Genèse 9.16, Exode 31.16

et Jérémie 50.5). C'est la récolte qui est dans le cœur de Dieu. Laissez-le vous positionner immédiatement et vous donner son plan concernant votre part dans cette puissante récolte.

Que le Seigneur vous bénisse abondamment avec révélation, sagesse et compréhension. Que l'onction prophétique augmente sur votre vie. Qu'il vous donne une faim dans votre cœur pour le chercher.

Qu'il vous donne un cœur qui se languit pour lui. Qu'il vous donne un cœur pour les âmes, un cœur pour la récolte, un cœur selon le sien, comme le cœur de David, un cœur rapide à aller louanger et un cœur rapide à aller à la guerre, parce qu'il est le Seigneur de la récolte. Tu as dit dans Exode 15.3, « L'Éternel est un guerrier. L'Éternel est son nom. » Nous le rejoignons dans la bataille.

Dans le nom de Jésus,
Amen !

Chapitre 8

UNE NOUVELLE DIMENSION DE LA RÉVÉLATION DU ROYAUME

Éphésiens 1.4-5

En lui, Dieu nous a élus avant la fondation du monde, pour que nous soyons saints et sans défaut devant lui. Dans son amour, il nous a prédestinés par Jésus-Christ à être adoptés, selon le dessein bienveillant de sa volonté.

Notre foi doit être bâtie sur le roc de la révélation alors que vous et moi, faisons connaître le ministère de Jésus sur la terre. Dieu se révèle personnellement à chacun de nous, nous impartissant cette dimension de révélation, que Jésus est le Fils de Dieu. Lui seul peut nous donner la révélation de qui il est. La clé se trouve dans l'intimité avec le Saint-Esprit et d'habiter en sa présence.

Dieu nous a choisis avant le commencement du monde. Notre vie n'est plus jamais la même une fois que nous avons reçu la révélation de qui il est en nous et qui nous sommes en lui. Nous pouvons alors commencer à nous concentrer sur les desseins de Dieu.

Dans ce chapitre je vais me concentrer sur l'importance de savoir que notre Père veut se révéler à nous. Il fait cela pour sa gloire et parce que son amour abonde envers nous. Oui, ce sont les temps de la révélation de la gloire, la révélation qui nous conduit dans la plénitude de la dimension du royaume.

Éphésiens 3.19-20

Et de connaître l'amour du Christ qui surpasse toute connaissance, en sorte que vous soyez remplis jusqu'à toute la plénitude de Dieu. Or, à celui qui, par la puissance qui agit en nous, peut faire infiniment au-delà de tout ce que nous demandons ou pensons…

Les choses se produisent d'abord à l'intérieur de nous-mêmes avant qu'elles n'apparaissent à l'extérieur. C'est la puissance de Christ travaillant en nous qui produit les résultats extérieurs. Le monde extérieur reflète donc toujours le monde intérieur. Notre monde n'est jamais plus grand à l'extérieur qu'il ne l'est à l'intérieur.

Le Seigneur a dit que le royaume de Dieu est à l'intérieur. « *Car telles sont les arrière-pensées de son âme* » (Proverbes 23.7). Qui est ce Christ et qu'allez-vous faire avec lui ? Il est Christ, l'espoir de la gloire en vous.

Lorsqu'il était sur la terre, le Seigneur a parlé en paraboles, en allégories et a fait du ministère avec des questions. Pensez-y.

Jésus, celui qui avait toutes les réponses, faisait du ministère par des questions.

La culture occidentale tend à enseigner à travers la lecture. La culture orientale, spécialement la culture du Moyen-Orient, utilise une méthode d'apprentissage plus profonde qui défie un homme avec des questions, afin qu'il produise la révélation à travers ses propres pensées et sa propre langue. C'est ainsi que Jésus accomplissait son ministère. Ses questions n'avaient pas toujours de sens pour ceux qui les entendaient et ils n'étaient pas non plus capables de discerner ses motifs. Ses pensées ne sont pas nos pensées et ses voies ne sont pas nos voies (voir Ésaïe 55.8).

Le processus que Dieu utilise pour vous enseigner consiste à tirer vers l'extérieur la vérité qui est à l'intérieur de vous-mêmes. Le royaume de Dieu est énorme en vous ! Il est tellement GRAND en vous !

Jésus a demandé à un homme aveugle, « *Que veux-tu ?* » Il savait ce que l'homme aveugle voulait, mais il savait aussi que cet homme avait besoin d'entendre de sa propre bouche ce qu'il y avait dans son cœur et de le déclarer, par la foi, afin que Christ puisse faire ce qu'il voulait et ce dont il avait besoin.

Dans Matthieu 16, nous voyons Jésus posant des questions à ses disciples :

Matthieu 16.13-18

Jésus arrivé sur le territoire de Césarée de Philippe, posa cette question à ses disciples : Au dire des gens, qui suis-je, moi, le Fils de l'homme ? Ils répondirent : Les uns disent

UNE NOUVELLE DIMENSION DE LA RÉVÉLATION DU ROYAUME

Jean-Baptiste ; d'autres, Élie ; d'autres, Jérémie, ou l'un des prophètes. Mais vous, leur dit-il, qui dites-vous que je suis ? Simon Pierre répondit : Tu es le Christ, le Fils du Dieu vivant. Jésus reprit la parole et lui dit : Tu es heureux, Simon, fils de Jonas ; car ce ne sont pas la chair et le sang qui t'ont révélé cela, mais mon Père qui est dans les cieux. Et moi, je te dis que tu es Pierre, et que sur cette pierre je bâtirai mon Église, et que les portes du séjour des morts ne prévaudront pas contre elle.

Il était important pour Jésus de savoir ce que les autres personnes pensaient qu'il était. Cependant, la chose importante pour les disciples était de savoir ce qu'eux pensaient qu'il était. Une révélation doit devenir personnelle pour être efficace dans la vie d'un croyant. Qui est Christ pour vous ?

Christ n'est pas le nom de famille de Jésus. C'est ce qu'il est. Pierre l'a déclaré après que Dieu lui ait dit. Ce que Jésus sera dans votre vie et la mienne est directement proportionnel à ce que nous déclarerons qu'il est.

Paul a enseigné aux croyants Romains :

Romains 10.9-10
Si tu confesses de ta bouche le Seigneur Jésus, et si tu crois dans ton cœur que Dieu l'a ressuscité d'entre les morts, tu seras sauvé. Car en croyant du cœur on parvient à la justice, et en confessant de la bouche on parvient au salut.

Je reçois toujours selon ma déclaration. Commençons à faire des déclarations audacieuses, déclarant le royaume de Dieu. Appelons ces choses qui ne sont pas « *comme si elles étaient* » (Romains 4.17). Il ne s'agit pas seulement de parler. C'est de vraiment croire, dans mon cœur, ce que je dis…c'est cela la foi !

La vraie révélation peut être déclarée par l'homme, mais elle est donnée par l'Esprit. Jésus a dit qu'il bâtirait son Église « *sur cette pierre* » (Matthieu 16.18). Son Église est la révélation de son royaume. Il n'a pas bâti l'Église sur Pierre, la petite pierre, mais sur le rocher solide de la révélation et le royaume en vous sera bâti sur la révélation aussi. Lorsque vous recevez une révélation du Ciel, c'est à ce moment que s'accomplit cette Parole : « *les portes du séjour des morts ne prévaudront pas contre elle.* » (Matthieu 16.18)

La révélation ne nous est *pas* cachée. Elle est quelque chose qui est cachée *pour* nous. Jésus a dit à son Père alors qu'il le louait, « *de ce que tu as caché ces choses aux sages et aux intelligents et de ce que tu les as révélées aux enfants* » (Matthieu 11.25). Cela ne signifie pas qu'il veut que nous agissions comme des enfants, mais plutôt qu'il veut que nous dépendions de lui. Lorsque nous avons une révélation, il est de notre responsabilité de la recevoir, de la croire et d'y obéir.

Jésus a dit :

Jean 15.16

Ce n'est pas vous qui m'avez choisi, mais moi, je vous ai choisis et je vous ai établis, afin que vous alliez, que vous portiez du fruit, et que votre fruit demeure, pour que tout ce que vous demanderez au Père en mon nom, il vous le donne.

UNE NOUVELLE DIMENSION DE LA RÉVÉLATION DU ROYAUME

La gloire de la révélation est Dieu qui veut sans cesse se révéler lui-même à nous. Cette révélation est pour vous et moi. Dieu veut se révéler à nous.

Deutéronome 29.28

Les choses cachées sont à l'Éternel, notre Dieu ; les choses révélées sont à nous et à nos fils, à perpétuité, afin que nous mettions en pratique toutes les paroles de cette loi.

Alors, les choses secrètes appartiennent au Seigneur, mais celles qui sont révélées nous appartiennent, à nous ses enfants, pour toujours. Cherchez plus profondément parce qu'il a plus de choses pour vous que vous ne pouvez imaginer. Croyez seulement. Cherchez, frappez et demandez, et soyez certains que vous trouverez.

Jésus a dit :

Luc 12.32

Sois sans crainte, petit troupeau ; car votre Père a trouvé bon de vous donner le royaume.

Voyez ce qui est écrit dans le livre des Actes :

Actes 19.11-20

Et Dieu faisait des miracles extraordinaires par les mains de Paul, au point qu'on appliquait sur les malades des linges ou des étoffes qui avaient touché son corps ; alors les maladies les quittaient, et les esprits mauvais sortaient.

Vivre dans le prophétique

Quelques exorcistes juifs ambulants entreprirent d'invoquer sur ceux qui avaient des esprits mauvais le nom du Seigneur Jésus, en disant : Je vous adjure par Jésus, celui que Paul prêche ! Ceux qui agissaient ainsi étaient sept fils d'un certain Scéva, un des principaux sacrificateurs juifs. L'esprit mauvais leur répondit : je connais Jésus et je sais qui est Paul ; mais vous qui êtes-vous ? Et l'homme dans lequel était l'esprit mauvais s'élança sur eux, les maîtrisa les uns et les autres, avec une telle force qu'ils s'enfuirent de cette maison, nus et blessés. Cela fut connu de tous, Juifs et Grecs, qui habitaient Éphèse ; la crainte s'empara d'eux tous, et le nom du Seigneur Jésus fut exalté. Beaucoup de ceux qui avaient cru venaient confesser et déclarer ce qu'ils avaient fait. Un assez grand nombre de ceux qui avaient pratiqué la sorcellerie apportèrent leurs livres et les brûlèrent devant tous. On en calcula la valeur et l'on en trouva pour cinquante mille pièces d'argent.
« C'est ainsi que, par la force du Seigneur, la parole se répandait efficacement. »

C'est ce dont nous avons besoin aujourd'hui parce que nous sommes dans des temps périlleux tels que ceux décrits par Paul dans 2 Timothée 3.1-7. Des temps drastiques exigent des mesures drastiques. Alors, soyons des Chrétiens radicaux, faisant des choix radicaux et prenant des engagements radicaux.

Père, tu es puissant ! Ton amour pour nous n'est pas mesurable. Je prie pour que la révélation du royaume

UNE NOUVELLE DIMENSION DE LA RÉVÉLATION DU ROYAUME

vienne sur tous tes enfants, qu'ils se lèvent dans la plénitude de la connaissance et la gloire de tout ce que tu es et de tout ce que tu voudrais en nous et à travers nous. Père, je prie que nos vies soient révolutionnées et que nous nous levions comme les guerriers dans ta Parole et dans ton Esprit, vivant des vies radicales pour ta gloire.

Dans le nom de Jésus,
Amen !

Chapitre 9

LE CHANT DU SEIGNEUR

Esaïe 42.9-10

Voici que les premiers événements se sont accomplis et je vous en annonce de nouveaux ; avant qu'ils ne soient en germe, je vous les laisse entendre. Chantez à l'Éternel un cantique nouveau, sa louange depuis le bout du monde, vous qui voguez sur la mer et vous qui la remplissez, les îles et leurs habitants !

Nous commençons à entendre de plus en plus le chant du Seigneur dans nos rassemblements. Cela n'est pas le cas uniquement pour Eagle Worldwide Ministries, mais dans des ministères autour du monde. Dans ce chapitre, je vais mettre l'accent sur cet important phénomène prophétique.

Qu'est-ce que le chant du Seigneur ? C'est un chant surnaturel, spontané qui provient de l'Esprit de Dieu. Le chant du Seigneur est exprimé par un chant prophétique qui apporte encouragement, exhortation et réconfort.

Bien que certaines personnes aient un ministère qui consiste à chanter le chant du Seigneur, d'autres personnes peuvent aussi faire du ministère par un chant du Seigneur à divers moments. Nous assistons à l'émergence du chant du Seigneur parmi de grands adorateurs tels que mon épouse, Mave Moyer, Joanne McFatter, Julie Myers et plusieurs autres. Il s'agit d'un don magnifique par lequel l'Époux chante à Son Épouse.

Il semble que lors de chaque mouvement de l'Esprit, le Seigneur met son doigt sur un chant en particulier ou un style de chant, comme si cette musique était ordonnée *« pour un temps comme celui-ci. »* Cependant, je vous dis qu'il chante un chant nouveau. Il relâche un nouveau son.

Esaïe a prédit qu'une chose nouvelle jaillirait dans un endroit desséché, un rafraîchissement, un réveil du cœur de l'adoration et du cœur des adorateurs. Nous y sommes.

Quand je parle du chant du Seigneur, je ne me réfère pas nécessairement à la nouvelle musique qui est produite. Je parle spécifiquement d'un chant prophétique et spontané que le Seigneur place dans le cœur de la louange. Vous entendez parler de chant se produisant à Azusa Street, durant le réveil de Welsh et à d'autres endroits où le Seigneur a touché avec puissance le cœur des adorateurs.

J'ai vu ce don en opération, plus que n'importe où ailleurs, dans la vie et le ministère de Ruth Heflin, Jane Lowder et tellement d'autres personnes au Calvary Campground à Ashland en Virginie et à leur Mount Zion Fellowship à Jérusalem. Leur révélation de la gloire, leur cœur pour l'adoration, leur manteau prophétique et leur ouverture à entendre la voix du Seigneur ont fait de Calvary en Virginie l'un des ministères pionniers pour entrer dans la dimension de la gloire et le chant du Seigneur.

Comme je l'ai mentionné, mon épouse, Mave a aussi la même onction. La manière dont l'Esprit agit en elle et passe à travers elle est autant prophétique que poétique (voir le chapitre qui suit). Quand j'ai rencontré Mave au Canada en l'an 2000, elle pouvait recevoir un poème et/ou un chant qui transmettait exactement le même message que Dieu avait mis sur mon cœur pour la prédication de ce soir-là. Elle m'a souvent dit qu'elle s'était sentie, d'une certaine manière, divinement inspirée, mais je lui ai dit que je croyais que c'était plus profond que cela. J'étais convaincu que c'était son don prophétique qui se manifestait chez Mave, selon 1 Corinthiens 12.

C'était le don prophétique qui se manifestait d'une manière différente par rapport à d'autres personnes. Je lui ai aussi dit que je sentais que c'était l'un des onze canaux de la dimension prophétique que j'avais vu dans la Parole de Dieu.

Dans Colossiens, Paul enseigne :

Colossiens 3.16
Que la parole du Christ habite en vous avec sa richesse, instruisez-vous et avertissez-vous réciproquement, en toute sagesse, par des psaumes, des hymnes, des cantiques spirituels ; sous l'inspiration de la grâce, chantez à Dieu de tout votre cœur.

Ceci devrait être le débordement prophétique d'un cœur rempli de l'amour de Dieu.

L'enseignement de Mave sur ce sujet est non seulement informatif, mais puissant. Elle possède aussi l'habileté et l'onction pour l'impartir aux autres.

LE CHANT DU SEIGNEUR

Les Écritures nous enseignent que le ministère de la musique est une conversation bilatérale entre le Seigneur et son racheté. Nous sommes appelés à nous parler à nous-mêmes et les uns aux autres, ainsi qu'à Jésus *« par des chants et des hymnes et des chants spirituels. »* Cela ne doit pas être une conversation à sens unique.

Le Seigneur va nous parler à travers la louange durant nos célébrations. Lorsque cela se produit, la parole prophétique ou le chant, va habituellement s'aligner avec la prédication qui sera apportée et la confirmer. Il y a un courant profond de l'onction qui brise les liens et sauve des âmes. Ce genre de courant va se produire uniquement lorsque nous nous confions à l'Esprit de Dieu et que nous comprenons la vérité de sa Parole concernant les chants spirituels du Seigneur.

Le chant du Seigneur est le ministère du cœur. C'est un chant spirituel. Frais et nouveau, sorti tout droit du ciel. C'est pour cette raison que ce ne sont pas toutes les personnes qui aiment ce chant. Il peut irriter la chair de ceux qui n'ont pas de relation ou d'intimité avec le Seigneur. Par contre, il va toujours conduire ceux qui sont intimes dans une relation encore plus merveilleuse avec le Seigneur.

Tous les hommes et toutes les femmes sont nés avec un instrument musical extraordinaire – leur voix. Nous pouvons utiliser nos voix pour louanger et adorer Dieu notre Créateur, pour exprimer l'amour et notre souci des autres, pour parler au Seigneur, pour exhorter, encourager et édifier le Corps de Christ. La musique est simplement une autre forme de communication.

Dieu nous a formés avec des cordes vocales et une trachée. Les cordes vocales se trouvent dans la partie supérieure de la trachée. Savez-vous ce qui passe à travers cette trachée ? Le vent, ou le souffle du Saint-Esprit. Au moment où ce vent souffle à travers les cordes de nos cœurs, il nous conduit à chanter des rythmes d'éternité.

Les Écritures nous parlent de ce magnifique chant du Seigneur. Il est souvent dit, tout au long de la Bible, que nous chanterons un *« chant nouveau. »* Plusieurs des chants que nous chantons sont des louanges et de l'adoration envers Dieu. Il y a une différence entre seulement chanter et louanger et chanter un chant du Seigneur. Lorsque nous louangeons Dieu, nous l'adorons. Lorsque nous chantons un chant du Seigneur, nous révélons Jésus Christ. Lorsque nous vivons et marchons en lui, et qu'il est tout pour nous en tout, nous devenons capables de chanter ce « nouveau chant. »

Nous devons apprendre la mélodie et les paroles pour être en mesure de chanter une chanson composée par quelqu'un, mais comme le chant nouveau vient directement du ciel, cela devient comme une rivière qui nous conduit à des places nouvelles et excitantes alors que nous suivons le vent de l'Esprit. Une rivière ne coule jamais directement vers sa destination. Elle prend plusieurs détours et fait plusieurs torsions tout au long de son parcours. Lorsque nous suivons la rivière de Dieu, nous coulons beaucoup plus comme une rivière naturelle, sentant son parcours changer, son rafraîchissement et y répondant. Parfois le courant va nous conduire à travers des eaux calmes, mais nous allons aussi passer à travers des séries de rapides et des eaux agitées. Pourquoi ? Parce que Dieu n'est jamais prévisible. Le chant prophétique ou la parole prophétique vont venir selon ses voies, parfois avec douceur et paix et parfois pas ! Ne faites que couler avec !

Moïse a chanté :

Exode 15.2
L'Éternel est ma force et l'objet de mes cantiques, il est devenu mon salut. Il est mon Dieu : Je veux lui rendre hommage. Il est le Dieu de mon père : je l'exalterai.

Le psalmiste David a chanté :

Psaumes 118.14
L'Éternel est ma force et mon chant ; il est devenu mon salut.

Ésaïe a chanté :

Ésaïe 12.2
Voici le Dieu de mon salut, j'aurai confiance et je n'aurai pas peur ; Car l'Éternel, l'Éternel est ma force et mon chant. Il est devenu mon salut.

En accomplissant la volonté de Dieu qui consiste à partager ce que le Seigneur nous montre et en le manifestant simplement par nos vies, nous chantons son chant et marchons dans sa Parole.

Rappelez-vous que la vérité de la Parole dans nos vies se manifeste en action. La foi sans les œuvres est morte et ne produira jamais rien pour le royaume de Dieu. Nous pouvons parler et chanter, mais si nous ne marchons pas selon ce que nous disons, nous n'accomplissons rien !

Encore une fois, c'est David qui a chanté :

Psaume 28.7
L'Éternel est ma force et mon bouclier ; en lui mon cœur se confie et je suis secouru ; mon cœur exulte et je le célébrerai par mes chants.

Le chant nouveau est le témoignage de Jésus-Christ et il a la puissance et la force pour délivrer la création. Nous sommes privilégiés d'être des chanteurs. Le chant que nous chantons est le chant nouveau – la parole vivante de Dieu.

Comment savez-vous que vous êtes en train d'entendre Dieu ? Voici quelques clés pour vous aider à discerner sa voix.

QUELQUE CLÉS POUR ENTENDRE DIEU

Clé #1 – La voix de Dieu dans notre cœur ressemble à un courant de pensées spontanées. Donc, lorsque je me syntonise avec Dieu, je me syntonise avec la spontanéité.

Clé #2 – Gardez vos pensées pures et tenez-vous loin des imaginations vaines. Une imagination non sanctifiée apporte une révélation pervertie.

Clé #3 – Je dois apprendre à faire taire mes propres pensées et émotions afin que je sois capable de sentir le courant des pensées et des émotions de Dieu à l'intérieur de moi-même.

Mave et moi-même venons en unité d'esprit avec vous maintenant et nous savons que Dieu confirme sa Parole. Nous croyons fermement tous les deux dans la puissance de l'impartition, et nous croyons pour vous. Joignez votre foi avec la nôtre alors que nous faisons cette prière :

Père Céleste, nous venons à toi dans le nom de Jésus Christ, celui qui donne les dons, et dans la puissance du Saint-Esprit. Nous savons Seigneur que nous pouvons recevoir l'impartition et les dons en unissant notre foi, par l'imposition des mains et la déclaration prophétique. Je te remercie que mes frères et sœurs reçoivent immédiatement une impartition du don de prophétie et le chant du Seigneur. Que l'Esprit du Dieu vivant et l'onction prophétique commencent à monter en eux.

Merci de leur donner des rêves et des visions, des révélations provenant des lieux célestes et d'oindre leurs cœurs et leurs voix avec les sons de la gloire et le chant du Seigneur. Que toutes ces choses jaillissent en eux jusqu'à ce qu'elles coulent comme une magnifique rivière prophétique.

Dans le nom de Jésus,
Amen !

Chapitre 10

LA POÉSIE PROPHÉTIQUE

Colossiens 3.16
Que la parole du Christ habite en vous avec sa richesse, instruisez-vous et avertissez-vous réciproquement, en toute sagesse, par des psaumes, des hymnes, des cantiques spirituels ; sous l'inspiration de la grâce, chantez à Dieu de tout votre cœur.

Mon épouse, Mave, a un don merveilleux dans le prophétique. Elle n'a pas réalisé qu'elle avait un aussi beau don jusqu'à ce qu'elle commence à recevoir des téléchargements de poésie de la part du Saint-Esprit. Elle a éventuellement commencé à chanter la poésie qui s'est rapidement transformée en chants poétiques du Seigneur. Lorsque je l'entends chanter ces chants inspirés, je trouve que c'est l'une des plus belles manières d'entendre la voix de Dieu pour moi.

Dans ce chapitre, Mave va partager ses expériences dans ce domaine. Avant d'entrer dans ce sujet, permettez-moi de vous encourager de toujours avoir du papier et un crayon avec vous. Ainsi, lorsque vous êtes au milieu de la louange à l'église ou même lorsque vous êtes seuls et que vous entrez dans la dimension de la louange et de l'adoration, vous allez pouvoir écrire ce que vous entendez l'Esprit dire.

Pensez-vous que vous n'avez pas un tel don spirituel ? Savez-vous comment un don opère dans la vie d'un croyant ? Les dons de Dieu sont en opération lorsque nous ne le réalisons pas. L'apôtre Paul a dit ceci :

1 Corinthiens 12.1
Pour ce qui concerne les dons spirituels, je ne veux pas, frère, que vous soyez dans l'ignorance. (autrement dit : sans connaissance de ce qu'ils sont et de quelle manière ils fonctionnent).

Maintenant passons à la partie de Mave :

A L'automne de l'année 2000, Dr. Russ Moyer est venu au Canada avec la révélation du ministère apostolique et prophétique dont je n'avais jamais entendu parler. Il prêchait au sujet des cinq ministères que Jésus a donnés à son Église et le sacerdoce du croyant et comment nous étions tous appelés au ministère de Jésus Christ. Il enseignait sur les dons de l'Esprit et comment nous avions tous au moins un don, mais que nous pouvions fonctionner dans plus d'un don selon la volonté de l'Esprit de Dieu. C'était un temps excitant pour nous tous puisque nous avons commencé à expérimenter la puissance de Dieu dans nos propres vies, agissant à travers nous de manières que nous n'avions jamais connues.

Vivre dans le prophétique

Je faisais partie de l'équipe des personnes qui se sont rassemblées autour de Russ durant cette saison. Nous avons été enseignés et avons commencé à marcher dans les dons de ministère. Nous avons par la suite commencé à voyager avec lui dans d'autres endroits et à prier pour les malades, prophétisant, opérant dans la parole de connaissance et de sagesse et encourageant le Corps des croyants. C'était excitant de marcher dans l'Esprit d'une manière si nouvelle et inhabituelle.

Durant ce temps, je recevais ce que je pensais être un poème divinement inspiré. Il arrivait très rapidement et de manière inattendue, et je devais l'écrire ou j'aurais oublié ce que j'avais entendu. Quelque chose de similaire avait commencé à m'arriver de temps en temps lorsque j'étais à l'École biblique en Oklahoma, mais maintenant cela arrivait à chaque célébration.

Dr. Russ a commencé à enseigner que Dieu utilise des dons dans chacun de nous de la manière qui va le mieux avec notre personnalité et notre caractère. Il a expliqué que Dieu utilise les personnes, les places et les choses avec lesquelles nous sommes familiers pour communiquer avec nous. J'ai commencé à comprendre que cette expression poétique était en fait une parole prophétique venant de Dieu, une prophétie poétique comme ce dont Paul parle dans Colossiens 3.16 :

LA POÉSIE PROPHÉTIQUE

Laissez la parole de Christ habiter en vous avec sa richesse par des psaumes, des hymnes et des chants spirituels avec la gratitude envers Dieu dans vos cœurs.

(Je paraphrase)

À mesure que j'ai commencé à comprendre ce don et comment il se manifestait en moi, il est rapidement devenu un chant spirituel, et j'étais capable de marcher dans le ministère du psalmiste.

Dans tout cela, j'ai réalisé à quel point Dieu était un Dieu personnel et combien il m'aimait et voulait communiquer avec moi d'une manière que je pouvais comprendre. Il y a une telle liberté de savoir que Dieu parle encore à ses enfants aujourd'hui. Il est vraiment « le même, hier et aujourd'hui et pour toujours. »

Maintenant, lorsque ces expériences se produisent, je sais que le Seigneur veut que je relâche ces paroles sur le Corps de Christ. Je reçois parfois un chant prophétique ou je chante une parole sur un individu. Il m'est arrivée d'apporter un message complet par un chant.

L'Esprit de Dieu est toujours en mouvement, apportant toujours la vie. Il est un Dieu qui respecte notre individualité et il veut travailler avec nous de la manière que nous comprenons. Il est un mystère, mais il se languit de s'identifier avec vous et moi.

Lorsque nous saisissons qu'il est vrai que Dieu veut que nous entendions sa voix pour nous-mêmes et qu'il veut que nous connaissions ses temps et ses saisons ;

nos vies à le servir deviennent plus excitantes et satisfaisantes. Il n'y a pas de plus grande expérience que celle d'entendre quelque chose de la part de Dieu et de marcher dans ses voies.

C'est vraiment un jour nouveau, un jour de compréhension et de changement dans lequel beaucoup de choses pour lesquelles nous avons crues se réalisent, un jour où notre foi devient « vue » !

Voici quelques exemples de poèmes prophétiques que j'ai reçus du Seigneur :

L'ABC DE LA FOI

La foi est persuasion,
La chose que tu crois,
Une conviction fermement établie
Laquelle tu ne quitteras pas.

Pour l'obtenir, tu dois entendre la Parole
Et accepter qu'elle soit vraie.
Ensuite tu verras à quelle vitesse
La foi viendra à toi.

La foi doit être relâchée maintenant
Sinon, elle est sans vie, morte, seule.
Alors, par le fruit de tes propres lèvres,
Fais que tes croyances soient connues.

LA POÉSIE PROPHÉTIQUE

La foi seule est inutile ;
Avec les œuvres, elle est complète.
Accroche ta bouche avec ton cœur,
Pour une foi qui ne peut être vaincue.

Continue maintenant à nourrir ta foi
Dans tous les domaines avec la Parole de Dieu.
Te revêtant de la cuirasse de la justice.
La vérité, à tes reins pour ceinture.

La foi doit être le leader.
Nous devons respecter ses voies
En lui posant la question,
Que puis-je penser, et faire et dire ?

Oui, la foi doit être le leader.
Nous suivons de près.
Alors nous pouvons marcher dans la victoire
Dans la Terre Promise.
Si la chair devient le dirigeant,
Les sens disent... « Bats en retraite ! »
La foi est abandonnée,
Et nous marchons dans la défaite.

Alors, nourrissez-vous des Écritures,
Accrochez votre bouche à votre cœur.
Prenez le bouclier de la foi
Et éteignez les flèches enflammées.

Vivre dans le prophétique

Maintenant, la foi a été établie.
Des promesses de Dieu, nous sommes assurés.
Si nous mélangeons des parts égales de patience,
Tenant ferme et endurant.

Après tout ce que nous avons étudié,
Après tout ce qui nous a été enseigné,
Nous nous efforçons de ne pas seulement entendre...
Mais de sortir avec foi et FAIRE.

Ce poème prophétique m'a été donné durant mon cours sur la foi à Rhema Bible School à Tulsa, Oklahoma. Je l'ai encadré et donné à mon professeur. Doug Jones, January 1996.

UNE PLACE APPELÉE GRÂCE

La grâce est une position,
La place dans laquelle nous sommes,
Là où la faveur de Dieu nous environne
Et pourvoit pour nous par sa main.

Ce n'est pas une place de travail,
Afin qu'aucun homme ne puisse se vanter.
C'est une place de foi et de puissance
Sanctionnée par le Saint-Esprit.

C'est une place de bénédictions,
Où nous prospérons et réussissons,

LA POÉSIE PROPHÉTIQUE

Une grâce activée à travers la foi,
Pour rencontrer nos besoins.

Dans cette place se trouve l'aide divine
Pour chaque situation,
Pour toucher celui qui habite à côté
Ou pour impacter une autre nation.
Les attributs de Dieu sont ici,
Déversés comme des fleuves d'eaux vives.
Vous pouvez y flotter librement,
Oh, fils et filles fidèles.

C'est une place où nous sommes indulgents,
Administrant la grâce à tous qui entendent.
C'est une place d'amour et de puissance.
Jamais une place de crainte.

Ici sa magnifique apparence
Se réfléchit sur notre visage.
Nous sommes remplis de sa compassion,
Lorsque nous nous tenons dans sa grâce.

C'est ici que nous sommes reconnaissants,
Vraiment reconnaissants du fond de nos cœurs,
Vivant dans son alliance de bonté,
Là où la force et la sagesse sont imparties.

Vivre dans le prophétique

Sa grâce ... elle est suffisante
Pour nous laver de tous péchés,
Si nous la recevons simplement
Et choisissons d'y entrer.
Ici nous marchons dans la victoire
Conduits par son Esprit,
Fortifiés maintenant pour vivre la Parole,
Pas seulement l'entendre.

Père, je prie que tes dons soient déversés sur chaque personne qui lit ceci et qui a faim et soif d'entrer dans une nouvelle dimension de créativité avec toi. Je prie afin que la poésie prophétique devienne vivante et atteigne une génération avec le rythme et style qu'elle doit avoir pour que cette génération entende ta voix.

Dans le nom de Jésus,
Amen !

Chapitre 11

PROCLAMATIONS ET DÉCLARATIONS PROPHÉTIQUES

Job 22.28-30
> *Si tu prends une décision, elle se réalisera pour toi ; sur tes sentiers brillera la lumière. Si l'on t'humilie et que tu dises : C'est de l'orgueil ! Alors Dieu sauvera celui qui baisse les yeux. Il délivrera même le coupable, qui devra sa délivrance à la pureté de tes mains.*

La Bible nous dit que lorsque nous décrétons une chose, Dieu l'établira pour nous. Nous avons donc besoin de faire des déclarations audacieuses sur notre génération, nos enfants, nos foyers, nos familles, nos finances, nos ministères et nos emplois. Lorsque nous déclarons quelque chose qui est en accord avec le cœur de Dieu et sa volonté, il va l'embrasser et l'oindre. Dans ce chapitre, je vais montrer comment nous changeons le monde autour de nous à travers des proclamations et des déclarations audacieuses.

La langue peut être utilisée pour bénir ou pour maudire. Il y a de la puissance dans votre cœur et dans la parole prophétique qui peut sortir de vos lèvres. Apprenez à utiliser vos mots correctement.

Je m'encourage moi-même dans le Seigneur lorsque je conduis mon automobile. Je dis des choses telles que celles-ci :

« Je suis rempli du Saint-Esprit et par conséquent, je suis fortifié pour accomplir la volonté et les œuvres du Seigneur. Je suis en santé, riche et sage. »

L'heure est venue pour nous de décréter, de déclarer et de planter notre demande afin de recevoir la plénitude de notre héritage. Rappelons-nous que Dieu est celui qui encourage au plus haut point et non celui qui nous décourage. Lorsque David était face à de grandes batailles et à l'opposition, il s'encourageait lui-même dans le Seigneur. Par exemple, lorsque ses propres hommes se sont tournés contre lui, la Bible nous dit qu'il a su quoi faire. Nous, de même, sommes appelés à être une génération prophétique s'encourageant elle-même et les autres.

La proclamation et la déclaration font partie des onze dimensions et canaux prophétiques dont j'ai parlés au chapitre 4. Je crois que notre génération, les guerriers et servantes des temps de la fin, sera utilisée dans ce canal de la prophétie pour introduire le grand mouvement des temps de la fin de l'Esprit de Dieu.

Comme je l'ai mentionné dans les chapitres précédents, j'ai eu l'honneur de travailler avec Ruth Ward Heflin et d'être enseigné par elle. Elle est l'une des plus grandes voix prophétiques envoyées aux nations et qui a dit que la prophétie est la voix du réveil. Jean Baptiste a dit, « *Préparez le chemin du Seigneur* » (Matthieu 3.3) et c'est la manière de le faire, en proclamant et déclarant Sa Parole.

La Parole de Dieu est plus coupante qu'une épée à double tranchant. Par conséquent, une déclaration prophétique est un son de trompette qui repousse les ténèbres et ouvre un chemin là où il ne semble pas y avoir de chemin.

Lorsque nous prions, nous devons prier en le croyant. Nous devons l'appeler à l'existence en le déclarant. Lorsque nous venons en unité avec la Parole de Dieu, la chose que nous déclarons sera établie.

Ne faisons pas que demander lorsque nous prions pour nos enfants, nos finances ou les obstacles ou empêchements qui sont dans nos vies, commençons plutôt à faire des déclarations audacieuses. Déclarons la Parole et la volonté du Seigneur !

J'entends parfois des gens prier ainsi : « Oh mon Dieu, aide s'il-te-plaît mon petit Paul. Tu connais mon petit Paul. Il ne semble pas capable de s'en sortir, aide-le s'il-te-plaît. Il est très faible. Il semble incapable d'avoir de bons amis et de dire non à la drogue et l'alcool. Oh, s'il-te-plaît, aide mon Paul ! » Nous ne bénissons pas vraiment Paul en priant ainsi. Nous le maudissons. La langue qui bénit est la même qui maudit. Commençons à bénir nos enfants en déclarant la Parole du Seigneur sur eux. Déclarons ce que nous voulons voir Dieu accomplir dans leur vie.

Le Seigneur a appelé Gédéon un « *vaillant héros* » (Juges 6.12), alors que ce dernier se cachait de ses ennemis et essayait de sauver sa famille. Proclamons des bénédictions et non des malédictions, puisque vous et moi parlons au nom du Seigneur. Nous pouvons ouvrir le chemin afin que le Royaume de Christ vienne par nos déclarations et proclamations.

Chaque jour, commandons notre matin dès notre réveil en déclarant ce que la Bible nous enseigne dans le livre de Job :

Job 38.12-13
« Depuis que tu existes, as-tu commandé au matin ? As-tu fait connaître sa place à l'aurore, pour qu'elle saisisse les bords de la terre, et que les méchants en soient secoués ?

Nous pouvons utiliser la Parole de Dieu pour repousser l'ennemi. C'est de cette manière que nous commandons le matin, appelant la journée à être selon la volonté de Dieu et ce chaque jour. Faisant descendre les bénédictions rattachées à notre alliance. Faites-le pour votre propre vie, mais aussi pour votre ministère et pour ceux que vous aimez. Vos paroles seront ressenties jusqu'aux confins de la terre et les influences méchantes et diaboliques seront supprimées.

Allons, mon Frère ! Allons, ma Sœur ! Déclarez-le ! Proclamez-le ! Appelez-le à l'existence ! C'est le temps maintenant !

Laissez les vents en provenance des quatre coins de la terre transporter vos mots lorsque vous parlez. Laissez le pouvoir de l'Esprit qui vit en vous, l'Esprit de Puissance, l'Esprit de Force et l'Esprit de Sagesse, être relâché. Parlez à l'air et vos paroles vont changer le climat spirituel qui est sur la terre.

PROCLAMATIONS ET DÉCLARATIONS PROPHÉTIQUES

Dieu n'a-t-il pas déclaré que nous devrions avoir l'autorité sur toutes choses ? Il nous a appelés à diriger et à régner. Nous sommes destinés à être assis dans les lieux célestes avec Jésus Christ et il a tout mis sous nos pieds.

Il y a de la puissance dans votre langue. Il y a de la puissance dans votre prière. Il y a de la puissance dans le prophétique. C'est l'une des manières les plus grandioses pour démontrer le pouvoir que Dieu nous a donné. Il a dit qu'il nous a donné tout pouvoir et toute autorité. Alors, utilisons-les. Déclarons sa volonté !

Je déclare, dès maintenant, l'année de la récolte sur vous et les vôtres. C'est l'année de la restauration. C'est l'année du salut de votre famille. Dieu n'a pas sauvé que vous. Il a déclaré sa Parole sur vous et cette Parole est pour votre famille entière.

Je déclare la récolte que je vois en vous. Vous allez commencer à avoir des rendez-vous divins et des rencontres prédestinées. Il n'y a plus jamais rien qui va se produire dans votre vie par chance parce que *« par l'Éternel les pas de l'homme s'affermissent »* (Psaume 37.23). Je déclare la bénédiction du Seigneur sur vous et que tout ce que vous allez accomplir prospérera.

Je vous mets au défi de commencer à déclarer la Parole de Dieu aujourd'hui. Arrêtez de penser négativement. Arrêtez de quêter Dieu dans vos prières. Vous êtes l'enfant du Roi. Vous êtes couverts par le sang de l'Agneau. Vous pouvez aller avec audace au Trône de Grâce et tout ce que vous demanderez, dans le nom de Jésus, en accord à sa volonté, vous *sera* donné.

Vivre dans le prophétique

Père, je prie que ton peuple apprenne quel grand héritage tu as pour lui. Je prie qu'ils reçoivent une augmentation de ta sagesse et que les yeux de leur compréhension soient ouverts.

Dans le nom de Jésus,
Amen !

Chapitre 12

LES RELATIONS : LE PROPHÈTE, LES GENS ET LE SEIGNEUR

Hébreux 13.17
Obéissez à vos conducteurs et soyez-leur soumis.

Dans ce chapitre, je veux résumer ce que je sens être nécessaire afin que la voix prophétique opère dans l'Église.

Tout d'abord, notre relation première est avec le Seigneur. Nous devons être disciplinés dans notre vie de prière et disciplinés dans la Parole parce que nous sommes destinés à avoir une relation intime avec lui. Tout le reste découle de cette relation.

La voix prophétique est une position sérieuse dans l'Église qui ne doit pas être prise à la légère, ni par celui qui transmet une parole prophétique ou celui qui reçoit une parole prophétique. Comme j'obéis à Dieu en apportant la parole que l'Esprit me donne, je vais être testé dans cette parole. Par conséquent, nous devons être prêts à nous soumettre à nos leaders et savoir que notre parole va être jugée et qu'elle devrait être jugée.

Vivre dans le prophétique

Pour ceux à qui Dieu donne une parole, vous devez savoir qu'il regarde dans votre futur. Cette parole peut ne pas être pour aujourd'hui ou demain. Elle peut s'accomplir dans plusieurs semaines, mois ou même années. Cependant, il est de ma responsabilité d'apporter ce que le Seigneur me dit.

Je veux mettre l'emphase sur le fait qu'en tant que voix prophétique je dois être sensible au reste du Corps de Christ. Je peux ainsi me relier correctement aux gens auxquels je fais du ministère. De plus, mon don doit toujours être exercé dans l'amour.

Les personnes prophétiques ont, pendant trop longtemps, utilisé leur don, appel et onction comme excuse pour ne pas entrer dans une relation correcte avec les autres. Cela a même été utilisé comme excuse, à certains moments, pour justifier un comportement rude et une attitude distante. Il est temps que nous réalisions que de développer et maintenir des relations correctes et saines est la clé du succès de tous les types de ministères. Cela est encore plus important lorsqu'il s'agit de faire du ministère dans les domaines du prophétique et du surnaturel. C'est notre détermination à entrer en relation avec les autres membres du Corps qui va actuellement nous permettre d'être reçus et d'avoir un impact sur les autres.

Il est important que nous comprenions que nous ne sommes pas appelés à être un porte-parole pour l'Église. Nous sommes plutôt appelés comme porte-parole pour le Seigneur de l'Église. Par conséquent, notre première relation doit consister à cultiver cette marche intime avec celui qui nous conduit, nous guide et nous dirige. Il est crucial de cultiver cette relation quotidiennement. Nous avons besoin de développer cette relation à travers la prière, la fraternisation et la vulnérabilité de marcher dans l'humilité devant le Seigneur.

Rien ne peut se substituer à une vie de prière et rien ne peut se substituer à être solidement planté dans la Parole de Dieu. Ensuite, nous devons voir à ne pas être encombrés par le poids des circonstances personnelles et humaines qui nous entourent.

En plus de ma relation avec le Seigneur, je dois aussi développer et maintenir de bonnes relations avec les autres dans le Corps de Christ, particulièrement avec ceux qui sont des conducteurs ou dans une position d'autorité dans le Corps. La principale et malheureuse critique formulée à l'égard de ceux qui sont dans le ministère du prophète est qu'ils croient pouvoir faire cavalier seul. Cela ne devrait jamais être le cas. Nous n'avons pas été destinés à être une île. Le désir de Dieu pour tous les Chrétiens est que nous soyons correctement interconnectés et en relation dans le Corps de Christ, imputables et balancés dans nos vies.

Pour ceux qui sont prophétiques, la relation la plus importante à maintenir dans l'église locale est celle avec le pasteur. Comme nous voyons souvent les choses de perspectives différentes, il faut beaucoup de grâce, de sagesse et de patience de part et d'autre. Même si nous avons les mêmes motifs et les mêmes objectifs, nous arrivons souvent de différentes directions. Nous avons besoin d'essayer de nous comprendre mutuellement ainsi que les responsabilités que Dieu nous a confiées individuellement.

Vivre dans le prophétique

Nous devons apprendre à communiquer les uns avec les autres, prier ensemble et prier les uns pour les autres parce que la relation pasteur – prophète peut bâtir ou détruire un ministère.

Encore une fois, la Parole de Dieu nous dit clairement ceci :

Hébreux 13.17
Obéissez à vos conducteurs et soyez-leur soumis.

En tant que voix prophétique, je dois réaliser que mes paroles et ma vie seront mises à l'épreuve et vérifiées par les autres, par l'ennemi et par le Seigneur chaque fois que je parle publiquement au nom du Seigneur. Je dois réaliser qu'il y aura des incompréhensions à cause des choses que je dis, des méthodes que j'utilise ou des attitudes que j'ai en tant que ministre de Dieu. C'est ma responsabilité d'apporter la Parole du Seigneur d'une manière claire qui permettra à ceux qui entendent de comprendre ce que le Seigneur nous dit et de savoir que ceux qui sont en autorité sont appelés à juger cette parole. Si vous n'êtes pas prêts à vous soumettre à ce jugement, vous aurez alors beaucoup de difficulté à répondre à l'appel et vous ne devriez probablement même pas faire les premiers pas. Ceux qui sont en autorité sont obligés et responsables de faire leur part aussi.

Il semblerait qu'il soit d'un grand bénéfice d'être sensible spirituellement et émotivement, spécialement à l'incitation du Seigneur, pour être prophétique. Cependant, nous avons aussi besoin de ne pas avoir la peau trop mince. Avoir la peau mince peut permettre à l'esprit d'offense de venir sur nous et nous empêcher, non seulement d'exercer notre don et marcher dans notre appel, mais nous nuire aussi dans notre vie et marche en tant que Chrétien.

John Bevere parle de ce problème qu'est l'esprit d'offense dans son merveilleux livre *The Bait of Satan*.[1] De nombreuses incompréhensions entre les membres du Corps de Christ peuvent produire des sentiments de rejet et à certains moments nous pousser à reculer et même à se demander qui nous sommes pour le Seigneur. Il devient alors difficile de marcher dans une relation de confiance qui est nécessaire pour représenter Christ et de publiquement parler de lui avec audace. Il y a certaines choses que nous pouvons faire pour minimiser de telles incompréhensions.

Il faut d'abord que le pasteur et le prophète développent une relation personnelle ensemble afin qu'ils connaissent le cœur de chacun.

Ensuite, nous devons décider de toujours soumettre chaque incompréhension à la résolution de conflit, ne pas laisser nos différences s'endurcir ou s'attarder dans nos cœurs. Au lieu de cela, nous devons nous asseoir ensemble et communiquer nos besoins l'un à l'autre, nos pensées et nos sentiments. Des relations de cette qualité exigent de l'effort, du temps et de la patience.

Finalement, l'humilité sincère est la principale exigence. Cela n'est pas requis uniquement pour le ministère, mais c'est la méthode de Christ. Nous avons besoin de sa grâce et de sa faveur chaque jour si nous voulons opérer dans ses dons de grâce. Les Écritures nous disent qu'il donne la grâce aux humbles, mais

---

1. Lake Mary, FL, Charisma House: 1994

résiste aux orgueilleux (voir Jacques 4.6). La Parole nous dit aussi de s'approcher de Dieu et qu'il va s'approcher de nous (voir Jacques 4.8). Vous et moi savons que la Parole est efficace.

Beaucoup trop de pasteurs semblent exiger une précision à cent pour cent de la part de tout prophète et la pénalité pour toute erreur est la mort. Comment est-il ainsi possible de former et entraîner des voix prophétiques ? En tant que prophètes, nous ne sommes rien de plus que des humains rachetés avec toutes nos lacunes naturelles. Il faut que cela soit compris.

Trop souvent, nous appelons quelqu'un un faux prophète parce que nous avons exigé l'infaillibilité. Ce n'est pas réaliste. Je crois que les faux prophètes et les fausses prophéties existent et que nous devons vérifier les esprits et apporter la correction lorsque nécessaire. Cependant, nous devons aussi comprendre que la signification du mot faux ne veut pas dire « pas vrai, incorrect, mensonger, mentir, fallacieux ou pas réel. » Souvent, une personne, qui donne une prophétie qui n'est pas bonne, devrait plutôt être décrite comme étant inexacte. Ce qui a des implications extrêmement différentes.

Nous pouvons tous faire des erreurs. Il faut donc que la plus grande partie du jugement que nous devons faire en tant que pasteur porte sur les motifs de l'individu. Rien de ce qui est accompli avec des mauvais motifs ne prospèrera, mais la personne qui a de bons motifs peut faire des erreurs.

Il y a des paroles qui sont données prophétiquement en tant que déclaration et proclamation qui ne sont pas correctement formulées et comprises. Il y aussi des paroles qui sont des présomptions. Ce que je veux dire par cela est qu'il peut être pris pour acquis que ces paroles proviennent de la dimension de l'Esprit alors qu'elles peuvent en fait provenir de l'âme de la personne. Elles peuvent être le produit de la pensée, des émotions, une opinion personnelle ou une conviction.

Prenez garde. Les pasteurs qui supervisent l'activité prophétique et ceux qui reçoivent une parole prophétique doivent réaliser que lorsqu'une parole prophétique est donnée, elle semble souvent tellement impossible que nous ne pouvons imaginer comment cela pourra arriver. Par contre, elle se réalisera lorsque le temps de son accomplissement arrivera.

Ésaïe a donné les prophéties Messianiques les plus puissantes qui aient été enregistrées et pourtant il est allé au tombeau sans en avoir vu l'accomplissement. La parole que le Seigneur a parlé à travers lui s'est manifestée des centaines d'années plus tard par la naissance, la vie et la mort de notre Seigneur Jésus-Christ. Nous savons que Ésaïe n´était pas un faux prophète.

Il y a eu des temps lorsque nous, en tant personnes prophétiques, n'avons pas pris le temps de connaître et de comprendre les gens à qui nous faisions du ministère. Cela n'est évidemment pas toujours possible. Nous avons tout de même besoin de faire tout ce que nous pouvons pour cultiver une personnalité comme celle de Christ et entrer en relation avec les gens dans l'église pas seulement avec ceux que nous aimons, mais aussi ceux que nous n'aimons pas. Engageons-nous à développer des relations correctes et vraies.

En tant que gens prophétiques, nous devons être approchables, ouverts et vulnérables afin que le peuple de Dieu voit qu'il est avec nous comme cela en était avec Élie. La Bible dit, dans Jacques 5.17, que Élie « *était un homme de même nature que nous.* » Rappelons-nous que vous et moi sommes spéciaux uniquement en Dieu. Alors, ne pensons pas plus hautement de nous-mêmes que nous ne devrions. Rappelons-nous que le plus grand cadeau est l'amour et que sans lui nous sommes des cymbales vides, juste une autre voix.

Il est temps de devenir mature, pas seulement dans notre don, mais aussi dans notre caractère. Luttons pour faire comme Paul. Il a dit :

1 Corinthiens 13.11-13

Lorsque j'étais enfant, je parlais comme un enfant, je pensais comme un enfant, et je raisonnais comme un enfant ; lorsque je suis devenu homme, j'ai aboli ce qui était de l'enfant. Aujourd'hui nous voyons au moyen d'un miroir, d'une manière confuse, mais alors, nous verrons face à face ; aujourd'hui je connais partiellement, mais alors je connaîtrai comme j'ai été connu. Maintenant donc ces trois choses demeurent : la foi, l'espérance, l'amour ; mais la plus grande, c'est l'amour.

Père, je te remercie pour la voix prophétique, et je te remercie Seigneur pour l'imputabilité. Je prie, Père, pour la maturité chez les personnes que tu élèves à cette heure, pas seulement dans nos dons, mais dans notre caractère. Je prie afin

LES RELATIONS : LE PROPHÈTE, LES GENS ET LE SEIGNEUR

que ton peuple marche dans l'intégrité alors qu'ils administrent tes dons et proclament ce qu'ils t'entendent dire.

Dans le nom de Jésus.
Amen !

Chapitre 13

LE RÔLE DE LA VOIX PROPHÉTIQUE SUR LE MARCHÉ DU TRAVAIL

Apocalypse 1.6
> *Et qui a fait de nous un royaume, des sacrificateurs pour Dieu son Père, à lui la gloire et le pouvoir aux siècles des siècles ! Amen !*

Dieu élève une grande armée présentement, une armée de rois et prêtres pour rejoindre les autres. Il y a des personnes qui ne passent jamais la porte d'une église, mais la voix de Dieu doit donc être entendue à partir de l'église vers le marché du travail. Dans ce chapitre, je vais montrer comment nous pouvons rejoindre les gens au-delà des quatre murs de l'église par nos voix prophétiques.

C'est ce que Jésus a fait. Il est allé sur le marché du travail. Un jour, il a prophétisé à une femme près du puits en Samarie et sa vie a été changée pour toujours.

Philippe, un jour, fut envoyé à un eunuque qui était en voyage. L'homme était un haut fonctionnaire de l'Éthiopie et lorsque Philippe entendit qu'il lisait le prophète Ésaïe, il lui demanda s'il comprenait ce qu'il lisait. L'eunuque invita Philippe à monter s'asseoir avec lui et Philipe le conduisit au Seigneur et le baptisa dans l'eau.

Joseph était un homme d'affaires et Paul était un fabricant de tentes. Chacun de nous peut représenter le Seigneur dans sa sphère d'influence et au-delà, mais pour être efficace, nous devons le faire prophétiquement.

Le prophétique désarme ceux qui pourraient normalement ne jamais être ouverts à l'Évangile d'une manière traditionnelle. Il est temps que la voix prophétique soit envoyée et donne l'espoir et la vie à un monde qui en a terriblement besoin. Nous sommes appelés à être une lumière sur la colline afin que le monde nous voit. Soyons cette lumière sur le marché du travail. Soyez la voix de Dieu infiltrant des places où vous seuls pouvez aller et atteindre des personnes que vous seuls pouvez atteindre.

La voix prophétique a-t-elle réellement une fonction et un rôle sur le marché du travail ? La réponse est un « oui » très fort ! En tant que serviteurs dans les cinq ministères que Jésus a donnés à son Église, nous devons comprendre, en cette saison, les desseins de Dieu. Tôt ou tard, nous devons accomplir notre travail et perfectionner les saints afin qu'ils accomplissent les œuvres de ministère. Une partie de ce ministère se trouve sur le marché du travail. Ceux qui sont en position pour avoir un impact sur notre société ont besoin d'entendre la voix de Dieu, sa direction et ses stratégies.

Dans Jean 17, la Bible nous dit clairement que nous sommes envoyés dans le monde de la même manière que le Père a envoyé Jésus dans le monde. Nous ne devons pas être de ce monde, mais nous sommes certainement dans ce monde pour une raison divine. Nous devons être une lumière et une voix sur le marché du travail.

La question n'est pas, « Suis-je supposé d'être là ? » La question est, « Quel est mon rôle à cet endroit ? Comment vais-je exercer mon autorité dans cet endroit ? Comment vais-je laisser briller ma lumière dans cet endroit ? » Les points suivants devraient aider à définir et comprendre ce rôle afin de maximiser l'impact que vous pouvez avoir sur le monde.

Premièrement et avant toute chose, mon caractère et mon intégrité vont avoir un effet direct sur la manière dont je serai reçu sur le marché du travail. Comment je conduis mes affaires devant les autres devient primordial. Je dois comprendre que les gens sur le marché du travail ont un sens des valeurs différent et qu'ils voient la vie et agissent selon un ensemble de règles différentes. Je dois baser ma vie sur les principes bibliques en lesquels je crois, même si cela semble, à certains moments, particulièrement différent de ce que les gens sont habitués de voir.

Même si j'ai des principes fondamentaux différents, le Seigneur sait (et j'ai besoin de savoir) ce qui intéresse les autres et qui va attirer leur attention. Le Seigneur nous appelle à être des pêcheurs d'hommes, mais il ne veut pas que nous ne fassions qu'envoyer un hameçon et attendre pour voir ce qui va arriver. Nous devons avoir des appâts différents pour attirer différents poissons. À cette fin, nous avons besoin de sagesse, de stratégie et de révélation de la part du Seigneur, mais la fondation repose sur notre caractère qui doit être inflexible et correct devant les autres.

La deuxième clé consiste à rechercher les opportunités. Je ne peux pas espérer avoir un impact sur la société assis dans mon salon ou toujours m'entourer avec des personnes de l'église. Je dois sortir sur le marché du travail. Je dois donc commencer à développer des relations avec des Chrétiens qui travaillent dans cet environnement et qui me fourniront une opportunité pour être partenaire avec eux dans le champ de la récolte dans lequel ils se trouvent. Je dois commencer à cultiver des relations avec les personnes dans ma congrégation qui peuvent me permettre d'avoir ces relations.

Laissez-moi vous donner un exemple. Un croyant Juif et homme d'affaires qui fréquente notre église dans le sud de l'Ontario a organisé pour moi des rencontres, à plusieurs reprises, avec certains de ses clients. Ils savaient qu'il était croyant par sa vie et son témoignage et que j'avais une belle relation avec lui. Il a organisé un temps de rencontre avec ses clients, qui sont des propriétaires de supermarchés, et j'ai pu prophétiser sur leur famille et leur entreprise.

Le Seigneur m'a révélé des choses au sujet de leurs origines et humbles commencements et aussi sa vision pour eux aujourd'hui. C'était un moment d'un grand impact et très spirituel. Nous avons passé une heure avec eux et leur personnel de direction. Cela a renforcé le témoignage de mon ami et sa relation d'affaires avec ces gens parce qu'ils ont goûté à la présence du Seigneur.

Mon ami a fait cela à plusieurs autres occasions. Cela l'aide à évangéliser et avoir un impact sur la vie des personnes qu'il rencontre. Les relations que je cherche à développer et à nourrir sont des centres d'influence parce que cela peut ouvrir des portes pour faire du ministère aux autres dans leur sphère d'autorité.

Un autre exemple. J'ai fait du ministère à une coiffeuse qui fait partie de l'une de nos congrégations. Elle m'a invité chez elle et j'ai fait du ministère à toute sa famille.

Une autre personne influente dans ma voie m'a conduit à un ami qui était administrateur dans un collège. Il n'était pas Chrétien, mais j'ai été capable de lui faire du ministère. Cela a ouvert une grande porte, pas juste dans sa vie, mais cela a produit des connexions qui ont aussi eu un impact sur notre ministère.

En tant que voix prophétique, je dois me rendre disponible et prendre avantage le plus possible de toutes ces opportunités. Je dois faire entendre ma voix partout où elle doit être entendue.

Troisièmement, en tant que prophète, je dois apporter une parole certaine au sujet des conditions économiques futures afin que les personnes qui sont sous mon influence spirituelle et qui veulent agrandir leur entreprise, investir dans une nouvelle maison, commencer une nouvelle entreprise, soient capables d'avoir une vision fiable des tendances économiques présentes et futures. Malheureusement, j'ai souvent entendu des prédictions qui ont contribué à faire peur et qui ont empêché des membres du Corps de Christ de saisir des opportunités pour prospérer. Tout cela parce qu'un prophète n'a pas compris le bon moment pour transmettre une révélation du Seigneur.

LE RÔLE DE LA VOIX PROPHÉTIQUE SUR LE MARCHÉ DU TRAVAIL

Nous commençons chaque année par une célébration de nuit pour transmettre les prophéties que Dieu nous donne pour la Nouvelle Année. Je parle presque toujours de ce que le Seigneur dit au sujet du climat économique.

Quatrièmement, je dois fournir un équipement et un entraînement pour les ministres de Dieu qui sont sur le marché du travail afin qu'ils comprennent complètement leur rôle. Ce sont des principes importants que le Seigneur nous a donnés depuis quelque temps maintenant. C'est le temps d'équiper les ministres sur le marché du travail, de les entraîner et les soutenir correctement pour qu'ils accomplissent leur destinée.

Dernier point, j'essaie de parler prophétiquement dans la vie de ceux qui sont en dehors du noyau de l'église et sur le marché du travail. Qu'ils soient dans le domaine de l'éducation, du gouvernement, du divertissement, médical, je veux donner des paroles d'encouragement, de réconfort et d'exhortation régulièrement dans leurs vies.

Plus que toute autre chose qui vient de la position que le Seigneur m'a donnée, je veux constamment affirmer les gens et leur importance dans l'agenda de Dieu afin qu'ils sachent qu'ils sont reçus et acceptés par lui (et par nous) dans leur rôle. Je comprends l'importance de cette affirmation personnelle parce que j'ai été un ministre sur le marché du travail pendant plus de vingt ans et je ne me suis pas senti compris et apprécié dans mon rôle – autrement que par le fait qu'on s'attendait à ce que je sème financièrement dans l'église.

Cela fait certainement partie du rôle d'un Chrétien sur le marché du travail, mais ce n'est pas la totalité de son rôle. Je dois continuer à apporter le rôle du ministère sur le marché du travail à l'attention de tous les croyants, confirmant leur place dans l'église et sur le marché du travail.

Si vous êtes une voix prophétique ou si vous êtes dans un rôle de gouvernance en tant que prophète, je veux vous encourager à utiliser votre voix et votre don pour l'édification de vos frères et sœurs qui sont dans le ministère du marché du travail. Si vous êtes un ministre de Dieu sur le marché du travail, entendez la voix du Seigneur. Ne faites pas que l'entendre ; prenez garde. Alignez votre vie, votre entreprise avec ses paroles et commencez à coopérer avec le Seigneur afin que tout ce qu'il a dit s'accomplisse.

C'est maintenant l'heure de notre impact, le dessein du réveil est la transformation et le don de prophétie est la voix du réveil. Commençons à l'utiliser pour clairement définir les desseins et les stratégies de Dieu qui nous feront avoir un impact considérable au-delà des quatre murs de l'église. Il est temps de faire avancer le royaume de Dieu dans toutes les arènes de la société. Il est temps que les rois et les prêtres marchent ensemble et dans le respect du don et de l'appel de Dieu sur toutes les autres vies. Nous pourrons ainsi être vraiment partenaires et marcher dans l'unité et l'harmonie pour récolter la plus grande récolte des temps de la fin.

> Père, je te remercie de m'accompagner sur le marché du travail. Seigneur, tu as imposé les mains sur les malades, tu les as guéris et tu as prophétisé sur le marché du travail. Père, donne-moi l'audace d'apporter

LE RÔLE DE LA VOIX PROPHÉTIQUE SUR LE MARCHÉ DU TRAVAIL

la parole de vie à ceux qui attendent des paroles d'espoir. Seigneur, nous sommes l'Église et le monde est notre champ missionnaire. Aide-nous à encourager et édifier ceux qui sont sur le marché du travail par amour pour toi.

J'ai prié dans le nom de Jésus.
Amen !

Chapitre 14

L'INTERCESSION PROPHÉTIQUE

Matthieu 21.13

Il est écrit : Ma maison sera appelée une maison de prière.

Les mots « *prophétique* » et « *intercesseur* » sont synonymes parce que l'intercession est l'une des principales fonctions du prophète. Nous sommes les vases de Dieu relâchés sur la terre. Nous sommes sur les lignes de front, pionniers dans l'Esprit.

L'intercession prophétique consiste à connaître le battement du cœur de Dieu, d'entrer en sa présence pour entendre sa voix au sujet de sa volonté par rapport à une situation donnée dans la vie des gens. C'est notre travail d'entendre la voix de Dieu et d'aller au combat si nécessaire et prier la volonté de Dieu sur cette situation.

Dieu élève une nouvelle race d'intercesseurs prophétiques prêts à aller en prière et intercéder, à prier toute la nuit, à jeûner et faire tout ce qui nécessaire pour que la volonté de Dieu soit faite. Notre appel consiste à se concentrer sur le cœur de Dieu et pas seulement sur nous-mêmes. Dans ce chapitre, je veux vous démontrer à quel point ce ministère est important en ces temps de la fin.

L'INTERCESSION PROPHÉTIQUE

L'intercession est mon premier appel en tant que voix prophétique. Par conséquent, la prière et l'intimité avec Dieu ont toujours été une partie importante de ma marche chrétienne.

Je regarde toujours à ce que Dieu veut dans un leader que je choisis. Je regarde d'abord s'il y a une fondation pour la vie chrétienne. Ensuite, je regarde, bien sûr le caractère, le fruit de l'Esprit ainsi que les habiletés, les dons et talents requis pour le rôle et la responsabilité de ce leader.

La base fondamentale de la marche chrétienne est d'être un homme ou une femme qui applique la Parole de Dieu et qui est discipliné à chercher Dieu tous les jours dans sa Parole. Deuxièmement, je veux voir que cette personne a une réelle vie de prière. Finalement, je veux savoir qu'elle est connectée avec le corps de Christ par son engagement dans une église locale.

Laissez-moi, maintenant, vous expliquer ce que je veux dire par une réelle vie de prière. La prière ne consiste pas à suivre un rituel. Elle consiste en une relation, une communion et l'intimité. J'aime ce qu'a dit l'apôtre Paul au sujet de sa vie de prière, qu'il priait « *sans cesse* » (Romains 1.9, 1 Thessaloniciens 2.13 et 5.17, 2 Timothée 1.3). Il était « *persévérant dans la prière* » (Romains 12.12). Le Seigneur nous veut « *insistant toujours, même si ce n'est pas le bon moment* » 2 Timothée 4.2). Ce n'est pas la durée du temps que je passe en prière qui compte, mais plutôt de maintenir une relation fraîche avec le Seigneur, une relation de communication constante et de réaliser qu'il ne me laisse jamais ni ne m'abandonne. Cela ne veut pas dire que nous n'avons pas besoin de moment de jeûne et de prière, mais concentrons-nous d'abord sur l'attitude de la prière.

Vivre dans le prophétique

Ma vie de prière doit être une communication bilatérale si je veux qu'elle soit relationnelle et réelle. Je ne veux pas me retrouver à être la seule personne qui parle, mais je veux plutôt conserver la bonne attitude pendant que je prie. Quelle est donc cette bonne attitude. Il s'agit de ne pas prier uniquement pour mes désirs, mais plutôt de prier pour ce qui est dans le cœur de Dieu, son agenda et son temps.

Dieu a promis de me donner les désirs de mon cœur si je fais de lui mes délices. Je crois en cette promesse. Cependant, la première partie de ce verset (si je fais de lui mes délices), est aussi importante que la promesse. Il va accomplir sa partie si nous accomplissons la nôtre.

Je suis convaincu que la plupart des lecteurs veulent savoir de quelle profondeur est leur marche et leur relation avec le Seigneur. Le temps que je passe avec le Seigneur et mon attitude dans la prière sont pour moi les premiers indicateurs de la profondeur de ma vie de prière. En d'autres mots, qu'est-ce que je prie et que je crois ? Il s'agit de moi et de ce qui m'appartient ? Est-ce au sujet des choses peu profondes des désirs de mon cœur ou est-ce que je recherche le cœur de Dieu et ses désirs ? Est-ce que je veux que sa volonté soit faite et que son règne vienne ?

Il y a différentes sortes de prières. Par exemple, il y a la prière pour les malades de Jacques 5.13-15. Il y a la prière pour nos ennemis comme le Seigneur nous le dit dans Matthieu 5.44. Il y aussi la prière en Esprit selon 1 Corinthiens 14.14. Il y a la prière d'unité de Deutéronome 32.30 qui multiplie la puissance et l'efficacité de cette dernière. Il y a aussi la prière pour les nations, la prière pour les leaders et selon une requête spécifique du Seigneur, la prière pour Israël. Il y a votre prière personnelle par laquelle vous demandez pour vos besoins et ceux de vos bien-aimés. Il y a aussi un niveau plus profond de la prière et qui est la prière d'intercession.

Jésus a dit dans Matthieu 21.13, « *Il est écrit : Ma maison sera appelée une maison de prière.* » Dans ma façon de voir les choses, l'appel et le ministère d'intercession sont aussi importants pour le fonctionnement, la direction et le succès de l'Église que les cinq ministères, qui sont l'expression complète de la vie de ministère de Christ lorsqu'il marcha sur la terre.

L'intercession est le ministère de Jésus aujourd'hui. Il est la Tête de toute intercession, car il est le grand intercesseur. La Bible nous dit que Jésus est assis à la droite du Père intercédant pour nous présentement (voir Romains 8.34).

Je crois que Dieu cherche encore, aujourd'hui, des hommes et des femmes qui correspondent à la description de Ézéchiel 22.30 :

Ézéchiel 22.30
Je cherche parmi eux un homme qui les protège par une clôture, qui se tienne sur la brèche devant moi en faveur du pays, afin qu'il ne soit pas détruit, mais je n'en trouve pas.

Le Seigneur peut-il trouver une telle personne en vous et moi ? Dans cette heure, il appelle ses intercesseurs sur la ligne de front, pour prendre leur tour de garde sur le mur, pour engager prophétiquement l'ennemi – au loin et à la barrière et les murs de la communauté de Dieu. Répondrez-vous à son appel ?

J'entre devant le Seigneur avec des louanges et l'adoration lorsque je viens pour intercéder prophétiquement. C'est la manière d'entrer en présence de Dieu et dans sa gloire. C'est la place où se trouve la révélation et où il commence à nous montrer ce qu'il y a dans son cœur. Ensuite, quand je sens le cœur et le désir de Dieu, je prie en lui retournant ce qu'il m'a révélé.

Vous voulez accomplir un coup de circuit en prière ? Alors, vous devez prier la volonté de Dieu. Priez avec une vision du royaume lorsque vous allez prier. Commencez à regarder votre vie de prière et les requêtes que vous faites à Dieu à partir du point de vue du Roi.

Il est l'heure pour les intercesseurs d'aller à la guerre. Comme nous l'avons vu, nous sommes appelés à être les guerriers des temps de la fin, rapides à aller au combat et rapides à aller au trône. La prière est l'une des armes spirituelles la plus puissante que nous ayons à notre disposition ; la prière naît dans la gloire et la présence de Dieu. Faire la guerre par la louange est la forme de combat la plus élevée.

Il y a d'excellents livres sur la prière et l'intercession. Il y en a quelques-uns qui m'ont inspiré et aidé à comprendre les desseins et les méthodes de la prière. Les voici : *Intercession* par Joy Dawson.[2] *Intercession* par Watchman Nee[3] et *Cross Pollination* par Lila Terhune.[4] Lila était la personne qui dirigeait l'intercession à Assembly of God à Brownsville et fut la

2. Seattle, WA, YWAM Publishing: 1997
3. With Witness Lee, Living Stream Ministry: 1991
4. Shippensburg, PA, Destiny Image Publishers: 1998

première personne à m'enseigner à ce sujet. J'ai fait partie de son équipe d'intercession et j'ai servi pendant deux ans durant le fameux réveil qui s'est produit là-bas. Lila est une femme de prière merveilleuse, une grande guerrière et à qui Dieu a donné un grand don prophétique.

Que vous soyez dans le ministère du prophète ou que vous opériez dans le don prophétique, l'intercession est l'une des dimensions importantes du prophétique. La Parole de Dieu est claire :

Jérémie 27.18-19
S'ils sont prophètes et si la parole de l'Éternel est avec eux, qu'ils intercèdent donc auprès de l'Éternel des armées pour que les objets qui restent dans la Maison de l'Éternel, dans la maison du roi de Juda et dans Jérusalem, ne s'en aillent pas à Babylone. Car ainsi parle l'Éternel des armées au sujet des colonnes, de la Mer, des bases, et des autres objets qui sont restés dans cette ville.

À quel moment Dieu nous dit-il d'intercéder ? MAINTENANT ! Nous devons prier pour ceux qui sont dans la Maison du Seigneur (nos frères et sœurs), et aussi pour la Maison de Juda (les adorateurs, les leaders de louange et l'équipe de louange), et pour Jérusalem (représentant le conseil et les leaders) afin qu'ils ne retournent pas à Babylone, un endroit de captivité, un endroit de confusion. Nous devons prier qu'ils ne rétrogradent pas.

Dieu dit de prier pour « *les piliers* » (les diacres et les anciens). Il dit aussi de prier pour « *la mer* », ce qui représente la multitude des gens et « *les bases* », qui sont l'église, les missionnaires, les ministres sur le marché du travail, ceux qui sont dans les centres de counseling et ceux qui prennent soin des sans abri et qui nourrissent ceux qui sont sans nourriture. Finalement, nous devons prier pour nos villes et tous ceux qui les habitent.

Je veux vous encourager, vous exhorter et vous lancer le défi d'aller à une place plus élevée avec le Seigneur dans votre vie de prière. Il y a une place plus profonde, une place dans son cœur qui est la place de l'intercession prophétique.

Que le Seigneur vous bénisse richement. Qu'il vous oigne d'une onction fraîche. Qu'il fasse que vos cœurs soient en feu avec une faim pour le chercher. Je prie, que par la puissance du Saint-Esprit, il vous attire à une place plus profonde en lui et qu'il illumine votre chambre de prière comme lors d'un feu d'artifices.

> Père, je prie que tu impartisses à tes enfants un désir plus grand d'entrer en ta présence avec la louange et l'adoration. Qu'ensuite ils entrent dans le lieu secret où ils peuvent entendre ta voix et connaître ton cœur. Un endroit où ils peuvent apprendre à prier ta volonté et devenir des personnes qui changent le monde à travers l'intercession prophétique.
>
> Dans le nom de Jésus,
> Amen !

Chapitre 15

APPRENDRE À OPÉRER DANS LA DIMENSION VISIONNAIRE

Proverbes 29.18

Quand il n'y a pas de vision, le peuple est sans frein ; heureux celui qui observe la loi !

Pour devenir une voix prophétique il faut obtenir l'accès à la dimension visionnaire. La plupart des prophètes de l'Ancien Testament voyaient quelque chose avant de le déclarer.

De plus, Dieu n'a pas seulement parlé par des visions aux gens de l'Ancien Testament. Il continue à parler à son peuple par des visions dans le Nouveau Testament. Encore aujourd'hui, il continue à parler à plusieurs de cette manière. Il est vraiment *le même hier, aujourd'hui et pour toujours. »*

En tant que prophète, d'avoir accès à la dimension visionnaire me permet de voir les choses avant qu'elles soient vues par l'œil naturel. Cela me permet de voir beaucoup plus loin que ce que je peux voir dans le naturel. Voir dans la dimension visionnaire me donne des rêves et des espoirs pour le futur et aussi des stratégies pour accomplir la volonté, le cœur et le dessein de Dieu.

Josué et Caleb ont couru avec une vision. Ils ne se sont pas vus comme des fourmis à leur propres yeux comme ce fut le cas pour les espions Israélites (voir Nombres 13.33). Leur habileté visionnaire leur a dit que ces géants étaient faciles à vaincre. Ces hommes étaient les visionnaires de Dieu. Ils connaissaient et comprenaient les promesses de Dieu et étaient déterminés à courir avec la vision prophétique qu'ils avaient attrapée. Ils faisaient confiance à Dieu alors que dans le naturel rien ne faisait du sens par rapport à ce que Dieu leur montrait. Leur attention n'était pas sur les géants, mais sur Dieu.

La dimension visionnaire est une dimension prophétique de L'Esprit et une des manières que le Seigneur utilise pour parler aux hommes. Le verset, dans Proverbes, mentionné en début de chapitre révèle une vérité et une loi spirituelles importantes. Il y a des lois spirituelles qui gouvernent la dimension spirituelle comme il y a des lois scientifiques ou naturelles qui gouvernent la dimension naturelle. Par exemple, les lois de la gravité, de l'inertie et de la relativité. Le fait d'ignorer ou d'être indifférents aux lois naturelles ou spirituelles ne change pas le fait qu'il y a une cause et un effet relié à notre activité dans cette dimension.

Je suis une personne simple. J'ai été déçu lorsque j'ai entendu ce verset dans l'église : Quand il n'y a pas de vision, le peuple est sans frein (Proverbes 29.18). Je n'avais pas de vision et je n'ai pas compris ce qu'était cette vision. Cela m'a conduit à conclure que j'étais condamné à périr.

APPRENDRE À OPÉRER DANS LA DIMENSION VISIONNAIRE

Les proverbes sont des lois spirituelles qui peuvent affecter nos vies d'une manière pratique et la Bible est un guide pour connaître la réussite dans notre vie Chrétienne. Il est absolument essentiel que nous comprenions ce qu'est la vision et la dimension visionnaire.

Nous devons savoir comment attraper une vision et comment l'initier et courir avec. Nous devons connaître la différence entre une vision personnelle, une vision corporative et une vision du royaume. Nous devons être capables de discerner entre une vision de Dieu et une vision de l'homme.

Une des manières la plus rapide de vous perdre est de suivre quelqu'un qui s'en va vers une destination différente. Il est facile, de cette manière d'être distrait et même trompé. Lorsque Dieu révèle une vision, ses brebis reconnaissent sa voix. Ceux qui ont le même esprit et le même cœur reçoivent une confirmation dans leur esprit que cela vient de Dieu.

Lorsqu'une vision corporative ou du royaume de Dieu est révélée ou initiée, ceux qui ont le même cœur vont trouver dans celle-ci la possibilité d'accomplir la volonté de Dieu pour leur propre vie. La vision que Dieu aura donnée à chacun de nous va montrer de quelle manière toutes les parties du Corps de Christ vont se joindre ensemble pour accomplir la vision globale.

LA VISION DE DIEU ET LA DIMENSION VISIONNAIRE

La vision de Dieu révèle le cœur et les desseins de Dieu alors que la vision de l'homme révèle le cœur et les desseins de l'homme dans une situation particulière. Lorsque les gens s'assemblent autour de la vision de Dieu, ils se rassemblent autour du cœur et des desseins de Dieu pour cette personne en particulier, ou les personnes, la localité, la saison ou la ville etc. Lorsque nous nous rassemblons autour de la vision d'un homme, nous ne nous rassemblons pas autour de Dieu. Nous nous rassemblons autour d'un homme et le résultat ne glorifiera jamais Dieu et ne sera d'aucun bénéfice pour nous.

La vision d'un homme est limitée à un temps, mais la vision de Dieu est éternelle. Ses desseins sont spirituels. Un peuple prophétique, une génération prophétique ne va pas seulement entendre la voix de Dieu, mais va aussi lui répondre en attrapant la vision et faire en sorte qu'elle se réalise. Ils vont courir avec la vision.

Puisque Dieu n'est pas seulement l'auteur de notre foi, mais aussi celui qui la perfectionne et qu'il est notre Jéhovah Jireh, notre pourvoyeur, il va fournir toutes les parties, toutes les pièces et ressources nécessaires, pas seulement pour initier la vision, mais pour bâtir, soutenir ou maintenir sa vision.

Ce qui s'est produit à Eagle Worldwide Ministries dans les dernières années n'a rien à voir avec un homme ou une femme. En fait, presque tout ce que Dieu a fait à travers nos églises a été accompli lorsque je n'étais pas présent. Ce n'était pas la vision d'un homme, mais celle de Dieu.

EXEMPLE D'ŒUVRES NÉES DANS LA DIMENSION VISIONNAIRE

La naissance de nos églises, de notre Retreat and Revival Centre, notre camp d'été, notre programme pour les internes, notre Centre King's Way, nos ministères de sensibilisation tels que : Centre for Excellence, Cage Park Outreaches, l'équipe missionnaire et le Réseau des Ministères sont tous le résultat d'une vision de la part de Dieu. Tous les aspects de ce ministère sont nés à travers des révélations qui ont été données par Dieu à travers des rêves, des visions et des paroles prophétiques.

Non seulement la révélation nous fut donnée, mais elle était aussi confirmée par la révélation de multiples sources, à travers des personnes qui à ce moment-là n'avaient aucune idée de ce que Dieu nous avait dit.

Le Seigneur va toujours confirmer sa parole. Il envoie des hommes et des femmes qui ont le même cœur et le même esprit, des hommes et des femmes qui ont attrapé la vision et qui accomplissent une portion de leur vision et mission personnelles et qui maintenant se concentrent sur la vision corporative du royaume de Dieu. Tout cela fait partie du plan de multiplication et de duplication de Dieu.

LE PLAN POUR LA RÉCOLTE

La plupart des humains ont de grands rêves, mais peu se lèvent et font en sorte que leurs rêves se réalisent. L'accomplissement se produit habituellement avec ceux qui comprennent la vision et ont une relation avec Dieu qui leur montre comment utiliser les ressources qu'il fournit, comment développer la mission, une stratégie et un plan d'action.

C'est par une foi active que nous donnons des ailes à notre vision. C'est par l'unité de l'Esprit et de coopérer ensemble dans cet Esprit d'unité que la bénédiction ordonnée par Dieu se réalise, comme cela est déclaré par David dans le Psaume 133.

Psaume 133.1-3

Voici qu'il est bon, qu'il est agréable pour des frères d'habiter unis ensemble ! C'est comme l'huile la meilleure qui répandue sur la tête, descend sur la barbe, sur la barbe d'Aaron, qui descend sur le bord de ses vêtements. C'est comme la rosée de l'Hermon, qui descend sur les montagnes de Sion ; Car c'est là que l'Éternel donne la bénédiction, la vie pour l'éternité.

Nous atteignons cette unité en apprenant comment prier ensemble, comment planifier ensemble et comment travailler ensemble pour accomplir la vision de Dieu. Ceci est la volonté de Dieu pour nous et elle est reflétée dans la prière de Jésus enregistrée par Jean :

Jean 17.20-23

Ce n'est pas pour eux seulement que je prie, mais encore pour ceux qui croiront en moi par leur parole, afin que tous soient un ; comme toi, Père, tu es en moi, et moi en toi, qu'eux aussi soient un en nous, afin que le monde croie que tu m'as envoyé. Et moi, je leur ai donné la gloire que tu m'as donnée, afin qu'ils soient un comme nous sommes un, moi en eux et toi en moi – afin qu'ils soient parfaitement un, et que le monde connaisse que tu m'as envoyé et que tu les as aimés, comme tu m'as aimé.

Lorsque nous devenons distraits, découragés, divisés ou dans une sorte de division à cause de nos initiatives, ambitions personnelles ou l'orgueil, nous ne sommes pas nécessairement frappés par une malédiction parce que Christ a pris la malédiction de la loi sur lui-même (voir Galates 3.13). Par contre, la bénédiction et l'onction de Dieu ne sont évidemment pas là. À ce moment-là, il faut que nous capturions à nouveau la vision et la bénédiction de Dieu. Lorsque nous nous retrouvons découragés, distraits ou décrochés, attrapons à nouveau la vision de Dieu, pas la vision de l'homme. Unissons-nous à nouveau autour de la vision de Dieu.

Il y a beaucoup de bonnes choses que nous pouvons faire, mais nous devons faire ce que Dieu veut. Attraper sa vision et comprendre sa mission. Ensuite, il faut développer une stratégie et écrire un plan d'action pour l'accomplir. C'est ce que fit Habaquq :

Habaquq 2.1-5

Je vais prendre mon tour de garde, je vais me tenir sur le rempart ; je vais guetter pour voir ce qu'il me dira, et ce que je répliquerai au sujet de mes doléances. L'Éternel me répondit en ces termes : Écris une vision, grave-la sur des tablettes, afin qu'on la lise couramment. Car c'est une vision dont l'échéance est fixée, elle aspire à son terme, elle ne décevra pas. Si elle tarde, attends-la, car elle s'accomplira certainement, elle ne sera pas différée. Voici que mon âme est enflée, elle n'est pas droite en lui. Mais le juste vivra par sa foi. Certes le vin est traître : l'homme hautain ne reste pas tranquille, il élargit sa gorge comme le séjour des morts. Comme la mort, il est insatiable. Il attire à lui toutes les nations, il assemble auprès de lui tous les peuples.

Nous devons tous courir avec la vision du Seigneur dans un esprit d'unité et d'harmonie. Suivre Dieu n'est pas compliqué, mais ce n'est pas nécessairement facile. Ce sont les pensées dans le cœur et l'esprit de l'homme qui compliquent la simplicité du cœur et des desseins de Dieu. Dieu n'est pas difficile à attraper et sa vision non plus. Il ne se sauve pas de nous. Il veut que nous le trouvions. Cependant, courons après Dieu et pas après l'homme. Attrapons la vision de Dieu et courons avec.

Seigneur, je te remercie pour la dimension visionnaire et je prie que chaque personne, qui me lit présentement, marche dans la plénitude de tout ce que tu as pour elle. Je prie que nos yeux soient ouverts pour voir ta vision qui est éternelle. Je prie que nos yeux voient avec tes yeux, ta perspective, que nous allons courir avec la vision pour notre vie et accomplir beaucoup de choses pour toi dans ce monde.

Père, je prie que nous devenions ceux qui savent que rien n'est impossible et que si nous gardons nos yeux sur toi, nous pouvons tout accomplir à travers Christ qui nous fortifie.

Dans le nom de Jésus,
Amen !

Chapitre 16

COMPRENDRE LA PROPHÉTIE DES TEMPS DE LA FIN

Jean 1.14
La parole a été faite chair, et elle a habité parmi nous, pleine de grâce et de vérité ; et nous avons contemplé sa gloire, une gloire comme celle du Fils unique venu du Père.

Apocalypse 19.10
Le témoignage de Jésus est l'esprit de la prophétie.

Une chose est certaine : la Bible nous dit qu'aucun homme ne connaît le jour ou l'heure du retour de Christ. La Parole de Dieu est notre autorité finale et les autorités terrestres doivent s'aligner avec sa Parole.

Un jour, en 2011, j'ouvris la télévision et il y avait un reportage aux nouvelles disant que la fin du monde allait arriver le 21 mai. Malheureusement, des panneaux d'affichage avaient été érigés à cet effet et des personnes allaient de porte en porte pour avertir les gens que l'enlèvement allait se produire et qu'ensuite le Jour du Jugement allait venir. Il y a des personnes qui ont quitté leur emploi à cause de cela. Cela m'a tellement attristé ! Nous sommes dans les temps de la fin, mais pas dans la fin du temps. Dans ce chapitre, je veux porter mon attention sur les éléments importants de la prophétie des temps de la fin.

Le Parole de Dieu nous dit dans :

Matthieu 24.36
Pour ce qui est du jour et de l'heure, personne ne les connaît, ni les anges des cieux, ni le Fils, mais le Père seul.

Verset 44 dit :
C'est pourquoi, vous aussi, tenez-vous prêts, car le Fils de l'homme viendra à l'heure où vous n'y penserez pas.

La prophétie des temps de la fin est l'une des onze dimensions ou courants prophétiques que j'enseigne (voir Chapitre 5).
Pierre déclare :

2 Pierre 1.21
Car ce n'est nullement par une volonté humaine qu'une prophétie a jamais été présentée, mais c'est poussés par le Saint-Esprit que des hommes ont parlé de la part de Dieu.

La prophétie des Écritures n'est pas pour l'interprétation privée et personnelle. Elle est écrite afin que le peuple de Dieu puisse discerner les temps et les saisons de son cœur et que nous puissions préparer nos cœurs pour ce grand et terrible Jour du Seigneur.

La Bible dit clairement que, dans les derniers jours, même les élus seraient séduits, si cela était possible (voir Matthieu 24.24). Par conséquent, nous, qui cherchons le cœur de Dieu, avons besoin d'avoir du discernement alors que nous avançons plus profondément et plus haut dans la connaissance de la révélation. Nous devons nous tenir solidement enracinés sur la Parole de Dieu et vérifier chaque esprit.

J'ai été exposé, durant les dernières années, à plusieurs livres qui ont été écrits au sujet de la prophétie des temps de la fin. J'ai été très déçu de trouver dans certains de ces livres des révélations qui ne faisaient pas de sens par rapport au prophétique. Il est tellement important de vérifier chaque révélation avec la Parole de Dieu, car c'est la seule source de la Vérité. La Bible est une Parole « *très certaine* » !

Je crois fermement que la chose pour laquelle nous devons nous sentir concernés, en cette saison, est la réalisation, selon les signes des temps, que nous sommes au seuil de la plus grande récolte jamais vue et que nous sommes aussi au seuil de la plus grande bataille entre le bien et le mal, telle qu'il fut prophétiquement proclamé. Nous avons besoin que le Seigneur prépare nos cœurs et nous positionne. Nous serons ainsi prêts. Nous devons ensuite nous concentrer à former des ouvriers pour la récolte.

Jésus lui-même, dans Matthieu 24, a parlé franchement des signes annonçant sa seconde venue et la fin du monde. Il leur a dit de prendre garde de ne pas se laisser séduire (voir verset 4). Ce chapitre est important pour nous en tant que guerriers et servantes des temps de la fin. Nous devons le lire et le digérer. C'est de cette manière que nous verrons et comprendrons par nous-mêmes la saison dans le cœur du Seigneur.

Les guerres et les rumeurs de guerres, la pestilence, les famines et les tremblements de terre, les faux prophètes qui apparaissent sur la scène et les cœurs de la majorité qui se refroidissent…sont tous des signes importants. En écoutant les nouvelles et en lisant les journaux, nous avons des reportages au sujet du conflit dans le Moyen Orient et nous savons dans nos cœurs que nous nous approchons rapidement de ce jour terrible et horrible. Il n'y a pas que les désastres naturels. Nous voyons aussi ce que l'homme a fait à l'environnement et à l'économie par son ignorance, sa négligence, sa cupidité et la décadence morale en général.

Le terrible déversement de pétrole dans le Golfe du Mexique en 2010 a eu des effets dévastateurs dont certains peuvent ne pas être connus avant plusieurs années. C'est l'heure où le cœur des hommes et des nations sont pesés dans la balance et pris en défaut. Nous sommes présentement tous testés et éprouvés. C'est un temps dans lequel vous et moi devons être inébranlables dans le Seigneur, connaissant sa Parole et être diligents à rechercher sa volonté pour nos vies.

La prophétie des temps de la fin constitue l'une de mes recherches personnelles. J'aime étudier ces mystères. Cependant, dans mes enseignements et mes prédications actuelles, le Seigneur me conduit à me concentrer sur la préparation des saints afin qu'ils soient des ouvriers dans la récolte des temps de la fin.

Nous pouvons certainement voir l'Église actuelle dans chacune des sept églises auxquelles Jésus a parlé dans Apocalypse 2 et 3. Il est évident qu'il nous appelle à monter plus haut parce qu'il veut nous montrer les choses à venir. La trompette résonne parce que c'est l'heure dont tous les prophètes ont parlé. C'est le temps de la récolte dorée, un temps pour y entrer une faux bien aiguisée et récolter.

Dans Apocalypse 14.14-20, nous devons concentrer notre attention à ouvrir nos cœurs et laisser l'Esprit de Dieu nous préparer en cette saison pour la grande récolte des âmes qui est prête, plutôt que sur les sceaux, les trompettes, les chevaux et les bêtes. Nous devons nous assurer d'être comptés dignes dans ce grand moment, pour avancer avec lui, le Seigneur de la Récolte, le Rois des rois et le Seigneurs des seigneurs.

Apocalypse 17.14 déclare :

Et les appelés, les élus et les fidèles qui sont avec lui.

Jésus a dit, « *Il y a beaucoup d'appelés, mais peu d'élus* » (Matthieu 22.14). Ceux qui sont « *choisis* » sont ceux qui choisissent de se détourner des signes et des sons de ce monde et répondre à l'appel de Dieu, disant, « Oui, Seigneur, je vais te suivre ! » Les fidèles sont ceux qui le servent fidèlement et qui persévèrent jusqu'à la fin et qui, lorsqu'ils ont fait tout ce qu'ils pouvaient, continuent de croire. Puissions-nous, vous et moi faire partie de ces derniers – les appelés, les choisis et les fidèles qui vont avancer avec lui !

Vivre dans le prophétique

Père, je prie que tu nous donnes la sagesse et le discernement des temps de la fin, que nos yeux soient ouverts à ta Parole et aux signes et aux saisons dans lesquelles nous sommes, que nous mettions nos mains sur la charrue comme si tu n'étais pas pour revenir pour encore mille ans, mais prêts et travaillant comme si tu devais arriver à tout moment.

Père, je prie que tu donnes de l'endurance, de la persévérance et la force à ton peuple, alors que nous continuons à faire ta volonté, formant des disciples et s'emparant du territoire pour toi, faisant donc avancer ton royaume.

Pour l'amour de Jésus,
Amen !

Chapitre 17

PRATIQUER ET ENSEIGNER L'ADORATION PROPHÉTIQUE

1 Chroniques 25.1
> *David et les chefs de l'armée mirent à part pour le service ceux des fils d'Asaph, d'Hémân et de Yedoutoun qui prophétisaient en s'accompagnant de harpes, de luths et de cymbales.*

1 Chroniques 25.3
> *De Yedoutoun, les fils de Yedoutoun : Guedaliahou, Tseri, Ésaïe, Hachabiachou, Mattitiahou, six sous la direction de leur père Yedoutoun, qui prophétisait avec la harpe pour célébrer et louer l'Éternel.*

Dieu cherche ceux qui vont l'adorer en esprit et en vérité. Il cherche ceux qui ont faim d'avoir une relation intime avec lui. Nous sommes des changeurs d'atmosphère et nous sommes dans une saison de louange élevée et d'un abîme qui appelle un autre abîme. C'est la passion de notre Père que le Saint-Esprit nous fasse entrer individuellement dans le cœur de Dieu et guide le Corps de Christ en sa présence. Dans ce chapitre, je veux vous faire découvrir les nombreuses choses qui s'accomplissent dans l'adoration prophétique.

Oui, beaucoup de choses s'accomplissent à travers l'adoration prophétique. Il faut pour cela que nous nous abandonnions afin d'être guidés par le Saint-Esprit. Non seulement pouvons-nous commencer à combattre spirituellement et entrer dans la gloire de Dieu, mais nous pouvons amener le royaume de Dieu sur terre et la révélation de Jésus. Nous avons besoin d'être enseignés au sujet de l'adoration prophétique.

Prophétiquement parlant, présentement, Dieu restaure le Tabernacle – le Temple de l'adoration – dans le Corps de Christ et dans l'Église et aussi en nous en tant qu'individus. La Bible nous montre dans Actes 15 :

Actes 15.15-17

Et les paroles des prophètes s'accordent avec cela, comme il est écrit :

Après cela, je reviendrai, et je relèverai la tente de David qui était tombée, j'en relèverai les ruines, et je la redresserai, afin que le reste des hommes cherchent le Seigneur, ainsi que toutes les nations sur lesquelles mon nom a été invoqué, dit le Seigneur, qui fait ces choses connues de toute éternité.

Ceci décrit la saison dans laquelle nous nous trouvons. Dieu rebâtit le Temple de David, sa maison de louange.

David était un homme qui plaisait au cœur de Dieu. Il était un adorateur et un guerrier. Il était rapide à aller à la bataille et rapide à aller chercher de l'aide au trône de Dieu. Il a bâti un tabernacle pour Dieu à Jérusalem et plusieurs des psaumes que nous retrouvons dans la Bible furent composés à cet endroit.

Je crois que le Tabernacle de David est la maison préférée du Seigneur. Je suis certain qu'il aimait le Tabernacle du désert parce qu'il avait été bâti selon les spécifications exactes qu'il avait données à Moïse. Sa présence était là. Il était présent dans le temple de Salomon. Pouvez-vous imaginer la splendeur de ce temple ? Lorsqu'il fut terminé, Dieu l'a rempli de sa gloire à un tel point que les prêtres étaient incapables de se tenir debout.

Malgré tout, je crois que le Tabernacle de David était sa maison préférée. Il n'avait pas de murs permanents, pas de voiles, rien que lui et le peuple, pas de barrières, juste Dieu et sa gloire.

Lorsque le Tabernacle fut complété, David est allé reprendre l'Arche de l'Alliance et l'a ramenée dans la cité de Jérusalem, transportée sur les épaules des prêtres et le cœur des adorateurs. C'est de cette manière que nous devons amener la gloire de Dieu à nouveau dans l'Église aujourd'hui. Il s'agit d'une adoration spontanée, sans inhibition et exercée avec abandon, chantant de la manière dont David a chanté et dansant de la manière dont David a dansé. Dieu parcourt la terre de son regard présentement à la recherche de véritables adorateurs qui vont l'adorer en Esprit et en vérité.

Est-il possible que Dieu ait besoin de notre adoration ? Je suis certain qu'il n'en a pas besoin. Il n'a pas de problème d'ego, mais il a ordonné la louange et la relation intime qu'elle représente. Il a dit à travers David :

Psaume 8.3
Par la bouche des enfants et des nourrissons tu as fondé ta force à cause de tes adversaires, pour imposer silence à l'ennemi et au vindicatif.

L'adoration prophétique est la forme de combat la plus élevée qui soit. Nous en avons donc besoin. Comment pouvons-nous y arriver ? Il y a quelques manières par lesquelles nous pouvons connaître cette adoration prophétique.

Paul a écrit dans Colossiens :

Colossiens 3.15-16
Que la paix du Christ, à laquelle vous avez été appelés pour former un seul corps, règne dans vos cœurs. Soyez reconnaissants. Que la parole du Christ habite en vous avec sa richesse, instruisez-vous et avertissez-vous réciproquement, en toute sagesse, par des psaumes, des hymnes, des cantiques spirituels ; sous l'inspiration de la grâce, chantez à Dieu de tout votre cœur.

Premièrement, de l'abondance de la richesse de Christ en nous, jaillissent des psaumes, des hymnes et des chants spirituels, qui sortent spontanément du cœur.

Deuxièmement, à chaque mouvement de l'Esprit, il y a eu un déversement d'une onction pour écrire de nouveaux chants avec un nouveau tempo et un nouveau son, déclarant prophétiquement le cœur de Dieu pour ce mouvement de l'Esprit en particulier. Cela a été vrai lors des réveils modernes, comme ceux de Toronto et de Brownsville, tout comme ce fut le cas pour Azusa Street. Chaque mouvement semble avoir produit son propre son, spécialement oint pour cette saison-là et pour cette génération en particulier.

Pour accomplir cela, Dieu élève des psalmistes avec un don créatif pour la louange. Nous voyons la louange se manifester à partir de la profondeur du cœur de l'homme dans toutes sortes de formes, que ce soit la danse, l'art ou la musique. Pensez aux peintures de Michelangelo dans la Chapelle Sixtine ou l'art prophétique qui est produit dans plusieurs de nos églises aujourd'hui. Que cet art soit concret ou abstrait, il dévoile la profondeur du cœur de Dieu et ce qu'il révèle à son peuple pour ce moment-là. L'inspiration dans le silence de notre cœur est la même que celle dans un chant contemporain vibrant ou une danse. Ces manières de louanger représentent une connexion spirituelle entre Dieu et l'homme qui le glorifient. Elles préparent le cœur de l'homme pour se soumettre à sa volonté et son désir et le fait entrer en sa présence.

J'ai eu l'opportunité de servir avec l'une des plus grandes adoratrices de notre génération – Ruth Heflin. Elle avait la révélation la plus remarquable de la gloire de Dieu et le cœur d'une adoratrice comme je n'en ai jamais vu avant. Elle connaissait Dieu d'une manière très spéciale, et elle nous a enseigné comment entrer en sa présence. Voici ses mots :

Louangez-le jusqu'à ce que l'onction vienne. Louangez jusqu'à ce que vous sentiez la gloire. (Plus la louange monte haut et plus l'adoration est profonde, plus grande est la gloire qui vient). Ensuite, restez dans la gloire.

Cette formule, si simple, fonctionne. La louange est plus qu'une une soirée de louange. C'est une façon de vivre. Psaume 100 nous le dit clairement :

Lance une joyeuse clameur vers l'Éternel, terre entière ! Servez l'Éternel avec joie, venez avec des acclamations en sa présence ! Reconnaissez que l'Éternel est Dieu ! C'est lui qui nous a faits, et nous sommes à lui : Son peuple et le troupeau de son pâturage. Entrez dans ses portes avec reconnaissance, dans ses parvis avec la louange ! Célébrez-le, bénissez son nom ! Car l'Éternel est bon ; sa bienveillance dure toujours, et sa fidélité de génération en génération.

Vous et moi devons décider dans nos cœurs de laisser le Seigneur enlever toutes nos insécurités et incertitudes afin que nous puissions commencer à l'adorer comme jamais auparavant. Nous sommes la génération qui est appelée à inaugurer la deuxième venue du Seigneur. Nous sommes l'Église, la véritable Église, le restant avec un cœur pour louanger et nous sommes appelés à devenir les vrais gardiens de la flamme. Que la liberté naisse dans nos cœurs parce que nous ne devons plus nous soucier de ce que nous avons l'air devant les hommes. Venons devant le Seigneur, le Roi de gloire, avec un cœur pour louanger et adorer.

Venons en Esprit parce que là où se trouve l'Esprit, il y a liberté. Bâtissons, vous et moi, un autel dans nos cœurs. Rebâtissons l'autel de David en nous.

PRATIQUER ET ENSEIGNER L'ADORATION PROPHÉTIQUE

Seigneur, je prie que ton peuple s'élève dans une louange prophétique à un haut niveau, qu'il entre dans la dimension de la louange et l'adoration, dans ta présence et goûte à ta gloire. Seigneur, je prie que ton peuple te louange en musique, en danse, avec des instruments et des chants, en écrivant des chants, afin que tu sois glorifié et que Jésus soit révélé dans le cœur des hommes et des femmes, de tes fils et tes filles.

En son nom,
Amen !

Chapitre 18

VOTRE PÉRIPLE PROPHÉTIQUE VERS VOTRE DESTINÉE

Éphésiens 1.17-18
> *Afin que le Dieu de notre Seigneur Jésus-Christ, le Père de gloire, vous donne un esprit de sagesse et de révélation qui vous le fasse connaître ; qu'il illumine les yeux de votre cœur, afin que vous sachiez quelle est l'espérance qui s'attache à son appel, quelle est la glorieuse richesse de son héritage au milieu des saints.*

Il est temps de se déverser dans une nouvelle génération qui se lève pour marcher dans la puissance et l'autorité, une génération qui englobe plusieurs groupes d'âges, des très jeunes jusqu'aux très matures. Je crois qu'il est temps que les pères et les mères spirituelles se lèvent et transmettent le vaste trésor de connaissance et d'expérience qu'ils ont acquis durant leur marche avec le Seigneur.

Vous ne pouvez pas conduire quelqu'un à un endroit où vous n'avez jamais été. Sachez que l'endroit où vous êtes présentement et tout ce que vous avez traversé durant votre périple avec Dieu vous ont préparés pour un temps tel que celui-ci.

Dans ce chapitre, je veux vous donner le schéma de votre périple prophétique. La Bible dit que vous avez été formés pour un dessein, pour une destinée qui a été écrite avant la fondation du monde et vous devez demeurer fidèles à ce dessein. Dieu révèle et envoie son peuple, son Église. Nous pouvons leader et conduire une nouvelle génération lorsque nous avons voyagé sur cette route et savons ce qui fonctionne.

Tous ensemble, aidons la prochaine génération, une génération qui n'a pas été paternée et maternée. Nourrissons-les et soyons-là pour eux. Apportons la vie en eux avec la puissance de nos paroles et le modèle de notre foi.

Comme nous l'avons vu, prophétiquement, dans la saison présente, nous nous tenons au seuil de la plus grande récolte d'âmes que l'homme ait jamais vue et aussi de la plus grande bataille. C'est le temps de la récolte. Ce sont les temps de Élie. Les champs sont blancs et prêts pour les moissonneurs.

Malachie 3 et 4 parle de la saison dans laquelle nous sommes. C'est le temps lors duquel le messager est envoyé avec le feu de la purification pour purger ce qui n'est pas de l'Esprit afin que l'or et l'argent restent dans nos vies.

Chacun de nous se trouve à un endroit différent dans son périple spirituel et nous avons parfois de la difficulté à identifier l'appel auquel nous sommes destinés. La puissante prière de l'apôtre Paul est notre texte biblique pour ce chapitre. Nous devons réaliser que notre Seigneur veut que nous ayons du succès spirituellement et dans le naturel. L'un ne va pas sans l'autre. Il veut que nous prospérions comme notre âme prospère.

La Parole de Dieu nous montre que cela ne nous ferait aucun bien de gagner le monde et perdre notre âme.

Matthieu 16.26
Et que servirait-t-il à un homme de gagner le monde entier, s'il perd son âme ? Ou que donnera un homme en échange de son âme ?

Le succès financier sans succès spirituel laisse une personne vide. Le succès n'est pas la destination, mais plutôt le périple. Je dois savoir clairement où je m'en vais, mais j'ai aussi besoin d'identifier correctement qui je suis en Christ et où je vais dans cette journée.

Je crois qu'il y a cinq cycles ou passages dans notre destinée spirituelle et plusieurs différentes étapes à l'intérieur de ces passages. Les cinq passages dont je parle sont les suivants :

- DISCIPLE
- MENTORAT
- ACCOMPLISSEMENT
- LEADERSHIP
- HÉRITAGE

LA DIFFÉRENCE ENTRE DISCIPLE ET MENTORAT

Ce sont-là deux rôles et fonctions différents. Je suis certain que vous êtes conscients que nous sommes une génération orpheline dans le naturel. Ce qui se passe dans le naturel trouve son écho dans l'Esprit. Il y a un manque réel de disciples dans l'Église d'aujourd'hui. Faire des disciples est un art qui a disparu. Plusieurs d'entre nous sommes entrés dans le royaume de Dieu d'une manière évangélique, mais personne n'a vraiment fait de nous des disciples. La grande commission n'est pas de faire des convertis, mais des disciples. Faire des disciples est l'une des manières de prendre soin des brebis.

Prendre soin des brebis et faire des disciples est de nature pastorale. Cela implique d'établir les fondations des relations dans la vie d'un individu. C'est un positionnement en relation avec le reste du Corps de Christ. C'est pour la personne, le foyer, l'église, la famille et la carrière et c'est un temps pour construire la fondation dans chaque croyant pour connaître une vie Chrétienne réussie.

Faire un disciple englobe le counseling, de visiter la personne et d'être en relation. C'est d'acquérir une compréhension fondamentale de la Parole, la croix, le sang et l'armure de Dieu et comment appliquer la Parole de Dieu dans ma vie afin que j'aie du succès dans ce monde. C'est tout au sujet d'avoir une vie victorieuse.

Beaucoup de personnes veulent devenir des leaders, mais dans le royaume de Dieu, avant de devenir un leader, tu dois être un bon disciple. Il y a des individus qui viennent à moi afin que je leur enseigne comment devenir un leader alors qu'ils ne sont même pas encore de bons disciples. Nous devons d'abord devenir un disciple avant de devenir un leader. Je les renvoie à leur pasteur, afin qu'ils aient une fondation plus solide pour bâtir leur futur spirituel.

Le prophète Malachie déclare :

Malachie 3.24
Il ramènera le cœur des pères à leurs fils et le cœur des fils à leurs pères, de peur que je ne vienne frapper le pays d'interdit.

Quel est le vrai disciple ? C'est comme David a dit dans Psaume 34:9

Goûtez et voyez combien l'Éternel est bon !

J'ai goûté et trouvé que le Seigneur est bon. Par conséquent. Je témoigne maintenant que le Seigneur est bon et j'invite les autres à se joindre à moi pour le goûter aussi. C'est cela un disciple et faire des disciples.

Proverbes 1-9 contient le conseil que Salomon a donné à son fils, Roboam. Plus tard, Roboam est devenu, lui-même, roi :

2 Chroniques 10.1
Roboam se rendit à Sichem, car tout Israël était venu à Sichem pour l'établir roi.

Nous avons tous besoin de conseil et de sagesse :

Proverbes 4.7

Voici le commencement de la sagesse : Acquiers la sagesse, et avec tout ton acquis, acquiers l'intelligence.

1 Corinthiens 3.18-19

Que nul ne s'abuse lui-même : si quelqu'un parmi vous pense être sage selon ce siècle, qu'il devienne fou, afin de devenir sage. Car la sagesse de ce monde est une folie devant Dieu. Aussi est-il écrit : il prend les sages dans leur fourberie.

La question est la suivante : où devrions-nous regarder pour recevoir de sages conseils ? Chacun de nous, dans n'importe quel stade de la vie, a besoin de la sagesse qui vient par le counseling avec d'autres personnes. Ce genre de counseling va provenir normalement de personnes plus âgées et plus expérimentées. Roboam a recherché ce genre de conseil lorsqu'il commença à régner :

2 Chroniques 10.6-7

Le roi Roboam prit conseil des anciens qui s'étaient tenus auprès de son père Salomon pendant sa vie, et il dit : Que conseillez-vous de répondre à ce peuple ? Ils lui adressèrent la parole en ces termes : Si tu es bon envers ce peuple, si tu les reçois favorablement et si tu leur parles avec bonté, ils seront pour toujours tes serviteurs.

Malheureusement, Roboam rejeta le conseil des anciens et rechercha l'avis de gens immatures :

2 Chroniques 10.8-10

Mais Roboam ne tint pas compte du conseil que lui donnaient les anciens et prit conseil de ceux qui, enfants, avaient grandi avec lui et qui se tenaient avec lui. Il leur dit : Que conseillez-vous de répondre à ce peuple qui me tient ce langage : Allège le joug que ton père a mis sur nous ? Ceux qui, enfants, avaient grandi avec lui, lui adressèrent la parole en disant : Tu parleras ainsi au peuple qui t'a tenu ce langage : Ton père a rendu notre joug pesant et toi, allège-le-nous ! tu leur diras ceci : Mon petit doigt est plus gros que les reins de mon père !

Il est évident que les jeunes gens auprès desquels Roboam prit conseil manquaient d'expérience et de sagesse et il a souffert à cause de cela.

Nous avons tous besoin de conseils divins et non le contraire :

Psaume 1.1-3

Heureux l'homme qui ne marche pas selon le conseil des méchants,
Qui ne s'arrête par sur le chemin des pécheurs,
Et qui ne s'assied pas sur le banc des moqueurs,
Mais qui trouve son plaisir dans la loi de l'Éternel,
Et qui médite sa loi jour et nuit !
Il est comme un arbre planté près d'un cours d'eau,
Qui donne son fruit en son temps,
Et dont le feuillage ne se flétrit pas :
Tout ce qu'il fait réussi.

LE MENTORAT

C'est le stade, dans notre croissance et développement spirituels, dans lequel nous marchons comme de bons disciples du Seigneur et sommes prêts à progresser à un niveau où nous serons équipés et habilités. Le mentorat est un temps de préparation pour honorer nos dons, talents, habiletés pour une œuvre de service du Seigneur. C'est dans cette zone de notre vie où nous sommes maintenant vraiment choisis. Nous avons fait le choix de commencer à étendre et faire avancer le royaume de Dieu par l'œuvre de service à laquelle nous sommes destinés.

Le mentorat peut être fait par un pasteur, mais normalement il est nécessaire que ce soit fait par quelqu'un qui est dans le leadership et qui a déjà coaché des personnes dans leur vie. Pourquoi je dis cela ? Vous pouvez enseigner seulement ce que vous savez. Vous pouvez me conduire uniquement là où vous avez été. En bout de ligne, nous portons tous le fruit de notre propre espèce. Le mentorat doit être fait par une personne qualifiée.

Lorsque Dieu m'a envoyé m'asseoir sous le ministère de Ruth Heflin à Calvary Pensacola Camp, ce n'était pas pour me préparer à vivre une vie Chrétienne réussie, mais plutôt pour me préparer pour une œuvre de service du Seigneur. Il m'a envoyé à cet endroit afin que je comprenne ce qu'était mon don prophétique et mon appel missionnaire dans les nations.

A quoi ressemble la vie d'un ministre itinérant de Dieu ? Selon toute probabilité, je n'aurais pas été capable de l'apprendre d'une manière pratique d'une personne qui ne l'aurait jamais vécu ou qui n'aurait pas su comment cela fonctionne. J'avais besoin de quelqu'un qui l'avait vécu et qui pouvait me le transmettre et le cultiver dans ma vie.

Le mentorat consiste à coacher un individu dans son don, son appel, sa carrière, sa vie, sa richesse ou sa destinée. Selon le dictionnaire *Webster*, un coach est :

Quelqu'un qui instruit sur les fondements.

Dirige la stratégie de l'équipe

Tuteur…amorce avec les faits…

Entraîne pour la course.

C'est vrai qu'un coach « entraîne pour la course », entraîne ses étudiants pour courir la course qui est devant eux avec succès. C'est aussi valide dans le spirituel que cela l'est dans le naturel :

Esaïe 30.20-21

Le Seigneur vous donnera du pain dans la détresse et de l'eau dans la pénurie ; ceux qui t'instruisent ne se tiendront plus à l'écart, mais tes yeux verront ceux qui t'instruisent. Tes oreilles entendront derrière toi cette parole : Voici le chemin, marchez-y !

Il ne s'agit ni de la droite ou de la gauche, mais de la voix derrière vous. Les expériences de ceux que Dieu place dans votre vie peuvent vous aider. Considérez Moïse et Josué, Élie et Élisée, Jésus et ses disciples (voir spécialement Luc 9 et 19).

Winston Churchill a dit, « Plus vous regardez loin derrière, plus vous verrez loin devant vous. » N'ignorez pas les sages conseils de ceux qui sont autour de vous.

LA RÉUSSITE

Ce stade particulier de votre périple doit consister à exploiter vos habiletés, vos talents, dons, compétences et potentiel pour produire des résultats. C'est le moment où le pneu touche l'asphalte. C'est le temps de mettre en place, d'activer, de se concentrer et de fonctionner.

À ce niveau, un homme ou une femme a de la difficulté à laisser les autres faire le travail parce qu'il est évident que personne ne peut le faire aussi bien. Ils sont totalement alignés sur leur cible. Productivité et fécondité aveuglent leurs pensées et à certains moments, le futur. Ils prennent leur vision et produisent des résultats tangibles.

Jusqu'ici dans leur marche, cela est la saison qui apporte le plus de récompenses. La force du cheval qui se trouve en eux court la course. Ils peuvent enfin sentir le vent qui souffle sur leur visage, et ils ont l'impression qu'enfin ce qu'ils attendaient est arrivé. Le performant accomplit enfin ce qu'il était né pour accomplir.

Il n'y a rien de négatif par rapport à ce stade. C'est une saison nécessaire pour chacune de nos vies et la vie de chaque leader.

Certaines personnes entrent dans le Royaume de Dieu d'un autre domaine de la vie et veulent, immédiatement, être en position de leadership, n'ayant jamais été formés comme disciples ou correctement coachés, n'ayant aucune réussite spirituelle, pas de profondeur ou de maturité. De plus, ils se demandent pourquoi personne ne veut les suivre. C'est parce qu'ils n'ont rien produit de tangible qui puisse le montrer. Leur enseignement est toujours, « Fais ce que je dis, et non pas ce que je fais. »

Une personne qui saute par-dessus le niveau de réussite pour entrer directement dans celui du leadership ne sera jamais vraiment capable d'avoir de l'empathie pour ceux qui trébuchent ou qui tombent et qui luttent. Ils seront peut-être juste capables de sympathiser avec ceux qui vivent ces choses. Un leader doit comprendre ce que les autres traversent. C'est ainsi que vous pouvez les aider à se relever et non les décourager.

Finalement, au niveau de la réussite, la personne pense que maintenant elle est arrivée. Nous savons tous, par contre, que ce n'est pas le cas. La prochaine phase sera le leadership. Dieu nous a destinés à être la tête et non la queue. Nous ne sommes pas non plus seuls en mission. Nous faisons partie d'un grand Corps et tous les membres de ce Corps doivent travailler ensemble pour atteindre les buts du royaume.

LE LEADERSHIP

Soudainement, ceux, qui atteignent le niveau du leadership, ont finalement atteint leurs buts personnels et leurs cœurs se tournent maintenant vers la multiplication et la duplication parce qu'ils en sont venus à réaliser qu'ils ont produit tout ce qu'ils pouvaient par leurs propres efforts. Ils commencent maintenant à gérer et diriger afin de devenir plus productifs.

Jusqu'à ce point, ils n'avaient aucun problème à se gérer eux-mêmes et l'ont prouvé par leur réussite actuelle. Cependant, maintenant, ils doivent recentrer leur énergie à équiper et habiliter les autres. Leur but n'est plus fixé sur la manière de bien faire une chose, mais sur la manière dont ils peuvent enseigner et coacher les autres à la faire.

Au niveau du leadership, une personne commence à être un mentor pour les autres afin qu'ils marchent dans leur don et appel. Le dessein des cinq ministères dans l'Église, tel que décrit dans Éphésiens 4.11-12, est de perfectionner les saints afin qu'ils accomplissent les œuvres que Dieu a préparées pour eux, pour édifier le Corps de Christ. Au niveau de la réussite, les personnes sont tellement concentrées sur leurs propres résultats qu'elles n'ont pas le temps ni le désir de semer dans la prochaine génération. Le niveau du leadership fait appel à des compétences personnelles, motivationnelles et de résolution de conflit complètement différentes parce qu'il s'agit de préparer, perfectionner, équiper et motiver les autres vers leur sommet d'accomplissement.

Le but, maintenant, n'est plus ce que je peux faire, mais ce que nous pouvons faire ensemble. Il ne s'agit plus de ma vision, mais de notre vision. Il y a maintenant un grand virage dans le cœur de la personne. Elle passe du cœur du lion et le ministère du bœuf, au cœur du père ou de la mère et la vision de l'aigle, voyant le potentiel des autres et trouvant plus de satisfaction dans la réussite des autres que la sienne.

Dans la phase de mon périple personnel, je dois instruire les autres et voici la progression de mes actions :

- Premièrement, je fais et tu observes.
- Ensuite, nous le faisons ensemble.
- Finalement, tu le fais et j'observe.

Il arrive souvent que les meilleurs leaders et les meilleurs instructeurs ne sont pas les meilleurs à faire ce qu'ils enseignent. Ce niveau exige qu'une personne ait de la patience pour marcher joyeusement avec les autres et travailler avec eux.

L'HÉRITAGE

L'héritage au premier regard peut sembler séculaire de par nature, mais c'est actuellement biblique et spirituel. Produire du fruit fait partie de la promesse et constitue le but. Ce sera de plus, du fruit qui dure.

Au niveau de l'héritage, nous traversons un temps de transition, un temps de grand changement. C'est le temps de passer le bâton. Nous envoyons dans leur destinée ceux que nous avons entraînés. Ce niveau consiste à supporter les autres dans leur vision. C'est l'extension et l'avancement de la vision du royaume que nous voyons dans les autres. Nous élargissons leur vision et leur ministère.

Vous apportez votre expérience et vos compétences de vie pour supporter les générations futures. Il s'agit de déléguer et de relâcher les autres dans leur destinée. C'est une saison de délégation, délégation et encore plus de délégation.

VOTRE PÉRIPLE PROPHÉTIQUE VERS VOTRE DESTINÉE

Au niveau du leadership, nous dirigeons. Au niveau de l'héritage, nous guidons. La balle est maintenant dans la cour de la nouvelle génération. Elle fait tout ce qui doit être fait et observe tout ce qui doit être observé pendant que nous les encourageons et les guidons si cela est nécessaire.

La saison la plus difficile pour un homme ou une femme de réussite est la saison dans laquelle ils doivent s'asseoir sur les côtés et regarder les autres poursuivre leur destin. Quand nous voyons nos fils et nos filles, dans le naturel comme dans le spirituel, devenir ce qu'ils sont appelés à devenir et atteindre leur destinée, c'est le moment le plus merveilleux dans le cœur du père et le cœur du leader. Le plus grand cadeau que nous pouvons désirer et donner à nos enfants est qu'ils soient ce qu'ils sont appelés à être et qu'ils fassent mieux que nous.

J'espère qu'à travers cet enseignement vous avez été capables de découvrir où vous vous trouvez dans votre périple prophétique personnel vers votre destinée. Comme je l'ai mentionné au début, il y a différentes phases à l'intérieur des grands niveaux de votre périple. À chaque niveau, il y a une phase d'entrée, une phase d'établissement et une phase de sortie lorsque vous faites une transition vers le prochain niveau. Le cycle recommence dans chaque nouveau niveau. Je souhaite que vous trouviez à quel endroit vous vous situez présentement.

Que vos actions soient celles du leader et non celles du performant si vous êtes au niveau du leadership. Si vous êtes dans la saison de votre vie où vous apprenez à être un disciple, faites attention de ne pas essayer de leader tout le monde parce que c'est la saison pour vous asseoir sous la vie et le ministère de quelqu'un d'autre. Votre temps viendra.

L'enseignant apparaît lorsque l'étudiant est prêt. Je crois avec vous pour toutes les bénédictions de Dieu, pour son temps parfait et sa parfaite direction. Que sa volonté soit faite, que son royaume vienne dans votre vie et la mienne.

Seigneur, je prie que les pères et mères spirituelles se lèvent et qu'ils aient un héritage à transmettre à la nouvelle génération – tout comme ceux qui ont marché avant nous et ouvert le chemin pour nous. Père, je prie que les cœurs des pères soient tournés vers les enfants et je prie Seigneur, que tout le monde puisse comprendre la saison dans laquelle ils se trouvent. Je prie pour qu'il y ait une impartition de sagesse, de révélation, de leadership et d'imputabilité. Enseigne-nous, Seigneur, à voir les destinées des autres à qui nous passerons le bâton afin qu'ils puissent continuer à courir cette course avec une compréhension fondamentale de ce que cela exige de faire des disciples et être un disciple.

Dans le nom de Jésus,
Amen !

Chapitre 19

MON PROPRE FARDEAU POUR LA FORMATION DU DISCIPLE ET LE MENTORAT

3 Jean 4

Je n'ai pas de plus grande joie que d'entendre dire de mes enfants qu'ils marchent dans la vérité.

Je ne pourrai jamais mettre trop d'emphase sur l'importance de faire des disciples et le mentorat. Je crois, personnellement, que cela devrait être le style de vie de tous les croyants. Dans ce chapitre, je vais vous démontrer pourquoi cela est si important pour l'Église aujourd'hui.

En tant que Chrétiens chevronnés, nous devrions toujours être prêts à déverser ce que nous savons dans la prochaine génération. C'est cela la vie chrétienne. Cela ne concerne pas uniquement ceux qui sont derrière la chair. C'est la responsabilité de chaque personne qui se dit un croyant né à nouveau. Barnabas a été le mentor de Paul et Paul a été le mentor de Timothée. Élie a été le mentor d'Élisée et ce dernier a reçu la double portion de l'onction. Comme le révèle notre référence biblique, Jean, le disciple de Jésus, a aussi connu la joie d'être le mentor des autres.

Soyons ces hommes et ces femmes qui entendent le cœur de Dieu qui est de faire des disciples et allons vers les autres pour verser en eux ce que Dieu nous a donné. Soyons des personnes dignes de confiance, pour permettre à une autre personne de venir à nos côtés ou pour venir à côté de quelqu'un qui est dans ce périple pour accomplir sa destinée. Soyons de ceux qui vont passer à l'histoire et qui ont changé le monde, pour bâtir une fondation dans la génération que Dieu est en train d'élever. Préparons-nous et soyons équipés et positionnons-nous pour le plus grand des événements qui va se produire sur cette planète.

Nous avons visité des centaines d'églises au cours des années passées et la plupart des personnes, que nous avons rencontrées, étaient dans l'église depuis très longtemps. Certains était sauvés depuis dix ans et d'autres depuis vingt ans. Pourtant, ils n'avaient jamais été formés, correctement, en tant que disciples. Certains parmi eux souffrent ou sont continuellement confrontés à une vie en montagnes russes dans leur marche spirituelle. Lorsque nous creusons un peu plus profondément pour comprendre ce qui cause ces hauts et ces bas, ces montagnes et ces vallées, nous voyons que ces Chrétiens n'ont pas été instruits en tant que disciples et n'ont pas eu de mentorat.

Comme nous l'avons vu, pour être un disciple il faut que les principes fondamentaux de la foi nous aient été systématiquement inculqués. Ces principes vont nous donner une compréhension solide de la Parole de Dieu, les fondations de notre foi et comment les appliquer de manière pratique pour connaître une vie chrétienne réussie. Il s'agit du cœur des pères tournés vers les enfants et les cœurs des enfants tournés vers les pères.

Le mentorat commence lorsque la fondation de disciple a été construite dans ma vie. Par la suite, Dieu envoie des leaders qui voient le potentiel qui est en moi et qui sont prêts à prendre le temps nécessaire pour identifier les dons, les talents et habiletés que Dieu m'a donnés et m'aider à marcher dans ce que je suis appelé à faire. Ils sont, en vérité, appelés à bâtir dans ma vie à partir de leurs propres expériences et à faire émerger le potentiel qui est en moi afin que je connaisse le succès dans le naturel et dans le spirituel.

Je remercie Dieu pour les hommes et les femmes qu'il a placés dans ma vie pour faire de moi un disciple ou aussi pour être mes mentors. Je remercie Dieu pour mes parents et grands-parents, les enseignants et les entraîneurs. Toutes ces personnes ont construit une fondation dans ma vie et transmis des compétences de vie. Il y a des choses de base que je prends pour acquises qui n'auraient pas fait partie de ma vie sans le sacrifice de ces personnes. Il y a aussi eu des pasteurs et des leaders spirituels. Comme Dave Gey, qui était vice-président de ma compagnie pendant de nombreuses années. Il était le leader pour la région de la Confrérie des Athlètes Chrétiens. Je suis aussi redevable envers les instructeurs et le personnel de Brownsville Revival School of Ministry. Je dois toujours honorer les hommes et les femmes que Dieu a placés dans ma vie, même si je n'adorerai que Dieu.

Vivre dans le prophétique

Après la construction de cette fondation j'étais prêt pour les mentors que Dieu allait envoyer dans ma vie, des hommes tels que Paul Wetzel, de Pensacola, Floride, qui était mon pasteur. Il m'a enseigné beaucoup de choses au sujet de l'église et du protocole de l'église.

Il y a aussi eu des femmes. Les principales furent Ruth Heflin et Jane Lowder de Calvary Pentecostal Tabernacle and Campground. Elles ont été mes mentors et ont imparti en moi dans le domaine de mon appel prophétique. Elles ont été pour moi le modèle de ce que cela représente d'être un missionnaire prophétique dans les nations et comment marcher dans l'Esprit et dans mon don.

Il y a eu Joan Giesen, qui a travaillé dix ans avec Benny Hinn et huit ans avec Kathryn Kuhlman. Elle était la deuxième personne dans ces deux ministères. Elle avait, sur sa propre vie, une onction puissante de guérison par l'imposition des mains. Elle a été comme une mère spirituelle pour Mave et moi-même et elle nous a d'ailleurs présentés l'un à l'autre.

Nous avions tous les deux travaillé avec Joan et nous avons été entraînés dans deux domaines différents de son ministère. Elle ne nous a pas seulement enseignés comment prier pour les malades, mais par son modèle nous avons appris à marcher dans l'amour et la compassion, sans oublier le don de foi fantastique qu'elle avait. Elle n'avait pas que la foi pour guérir les malades, mais aussi de croire l'incroyable. Elle nous a enseignés à croire en nous-mêmes et dans le don et l'appel de Dieu pour nos vies.

Il y a de nombreuses autres personnes qui nous ont aidés tout au long du chemin. Je pense parfois au temps qui passe et je crie à Dieu : « Quand ? » « Pourquoi ? » « Comment ? » « Qui ? » « Pourquoi cela prend-il tellement de temps ? » Finalement, j'ai découvert que c'était à cause de moi que cela prenait autant de temps. J'étais dans le processus de préparation de mon propre cœur afin que je sois capable d'apprendre et de recevoir. Le fardeau de l'enseignement est sur l'enseignant, mais le fardeau d'apprendre est sur l'étudiant. Comme je l'ai dit dans le chapitre précédent, quand l'étudiant est prêt, l'enseignant apparaît.

Dieu m'a ramené, spirituellement et dans le naturel aussi, à mes racines durant les dernières années, qui sont le Réveil de Pensacola et Calvary Campground. Il a augmenté l'onction sur ma vie à travers le renouvellement de mes relations avec les personnes qui y sont rattachées. Nous avons vu une augmentation des guérisons et des miracles et un mouvement prophétique qui m'a rendu, pour toujours, reconnaissant envers ceux qui ont bâti dans mon cœur une faim pour le réveil et un nouveau mouvement de l'Esprit.

Notre Sœur, Ruth Heflin, nous a enseigné que le don de prophétie est la voix du réveil. Ce qui suit est une parole prophétique qui a été donnée sur l'état de l'Alabama en novembre 1996.

Pasteur John Kilpatrick et sa congrégation à l'Église de Sa Présence à Daphne, Alabama ont prié et proclamé cette parole. Pasteur Mave et moi-même les avons visités à Mobile à la Bay of the Holy Spirit, alors qu'un vent frais du St-Esprit se manifestait. Voici ce que Ruth Heflin a prophétisé :

Venez avec moi en Alabama, car je ferai de cet état un magnifique chemin. Je vais l'élever et le vent de Dieu soufflera sur lui et à travers lui, et nombreux sont ceux qui vont devenir vivants par ma vie. Moi, le Seigneur, je serai un feu ardent parcourant l'Alabama.

Alabama, sache ceci : que les vents de Dieu qui soufflent en ce moment même seront la puissance de Dieu qui délivre de nombreuses personnes. Car, moi, le Seigneur, je courrai à travers vous. Courez avec ma puissance, courez avec ma joie, courez avec la force et faites sortir les gens.

Ils sortiront avec la force et le témoignage de ma gloire et la bénédiction et le feu de mon Esprit. Ils vont dire ce qu'ils ne pouvaient pas dire avant, faire ce qu'ils ne pouvaient pas faire avant, et ils seront ce qu'ils n'ont jamais été auparavant. Ils seront naturellement surnaturels et accompliront des œuvres impossibles et feront tourner la tête des enfants et des hommes.

Écoutez-moi ! Gardez vos yeux sur l'Alabama. Car je dis, « Il fera la nouvelle et nombreux seront ceux qui viendront de loin. Ils viendront en autos, en trains et en avions, pour voir ce que Dieu est en train de faire. » Je dis, « Il sera comme un banjo sur mes genoux et je vais jouer une chanson sur lui qui sera entendue partout dans le monde. Venez et suivez-moi et voyez Alabama apporter la liberté aux hommes.»

Je suis tellement reconnaissant envers Dieu de m'avoir permis de m'asseoir sous le ministère de Ruth Heflin et de l'avoir eu comme mentor.

Je vais terminer ce chapitre en vous réaffirmant que Dieu va toujours envoyer la bonne personne et au bon moment pour semer dans votre vie. Comme cela est dit dans Proverbes :

MON PROPRE FARDEAU POUR LA FORMATION DU DISCIPLE ET LE MENTORAT

Proverbes 17.17

L'ami aime en tout temps, et un frère est né pour la détresse.

Peu importe la saison et peu importe le besoin, le Seigneur va placer la bonne personne dans votre vie.

Je vous mets au défi aujourd'hui de prendre position et d'avoir un cœur humble. Que les yeux de votre compréhension soient illuminés, que vous puissiez voir, entendre et connaître le temps et la saison de votre vie. Que vous puissiez aussi reconnaître les rendez-vous divins, ces connections en or que Dieu a ordonnés pour un temps tel que celui-ci.

> Père, tu es si impressionnant et si fidèle ! Je prie pour l'Esprit de sagesse et de conseil afin que les gens que tu conduiras dans nos vies voient Jésus en nous lorsque nous les aiderons à devenir des disciples et que nous les instruirons dans la manière de marcher dans leur appel. Fasse que nous développions les fruits de l'Esprit et soyons rapides à écouter et lents à parler. Fasse que nous soyons des facilitateurs dans le développement et la croissance de la génération qui vient après nous. Je prie, Seigneur, que nous soyons rendus capables par ton Esprit de surpasser tout ce que nous avons pu rêver et d'accomplir de grandes choses pour ta Gloire.
>
> Merci Seigneur.
> Dans le nom de Jésus,
> Amen !

Chapitre 20

RECEVOIR UNE NOUVELLE RÉVÉLATION PROPHÉTIQUE DU SEIGNEUR

Matthieu 6.33

Cherchez premièrement son royaume et sa justice, et tout cela vous sera donné par-dessus.

Sachez que Dieu nous parle constamment, comme il l'a fait avec les Israélites. Il leur a donné de la manne fraîche tous les jours lorsqu'ils étaient au désert. Dieu est fidèle et se révèle à ceux qui passent du temps avec lui, qui le cherchent pour connaître des choses plus profondes, des choses plus élevées, pour ses pensées.

Paul a prié, dans Éphésiens, que le Dieu de notre Seigneur Jésus-Christ puisse vous donner un Esprit de sagesse et de révélation afin que vous puissiez le connaître. C'est une prière que nous devrions faire tous les jours. Dieu nous parle par son Esprit et par sa Parole et nous progressons spirituellement lorsque nous le recherchons.

RECEVOIR UNE NOUVELLE RÉVÉLATION PROPHÉTIQUE DU SEIGNEUR

Nous devons, cependant, demeurer au diapason de ce que le Seigneur fait. Il doit y avoir une nouvelle outre parce que le Seigneur a gardé le meilleur vin pour la fin. Approchons-nous plus de Dieu et devenons un avec lui pour attraper les vagues de révélations qu'il télécharge et relâche sur son peuple aujourd'hui.

Le désir de mon cœur (et probablement le vôtre aussi) est de recevoir une révélation fraîche du Seigneur et une révélation fraîche de sa part. Ce sont là deux choses différentes. Il y a tellement d'aspects différents du cœur, de la nature et de la face de Dieu. Plusieurs d'entre eux sont révélés dans ses noms :

- Jéhovah-Jiré : L'Éternel pourvoira
- Jéhovah-Rapha : L'Éternel que guérit
- Jéhovah-Nissi : L'Éternel, ma bannière
- Jéhovah-Rohi : L'Éternel mon berger
- Jéhovah-Shalom : Jéhovah, notre paix
- Jéhovah-Tsidkenu : notre justice

Une des choses les plus profondes que j'ai entendue Ruth Heflin dire est que lorsque nous entrons dans la rivière, nous pouvons y entrer à partir du même bord, mais nous y entrons toujours à un nouvel endroit parce que la rivière coule toujours. La Rivière de la Vie est toujours nouvelle et toujours fraîche et je recherche une révélation. Qu´en est-il de vous ?

Si je recherche quelque chose de frais, quelque chose de nouveau dans l'Esprit, je dois savoir que je ne vais pas le trouver dans la chair. C'est Dieu que je recherche et il est Esprit.

Pourquoi est-ce que je regarderais autour de moi dans la chair ou la pensée, la volonté ou les émotions ? Ces choses sont dans mon âme et je dois sortir de ma dimension émotionnelle pour entrer dans la dimension spirituelle.

Dans Apocalypse 1.10, la Parole nous dit que c'était le Jour du Seigneur et l'apôtre Jean, celui qui a reçu la plus grande révélation de Jésus Christ jamais écrite, a dit, « Je fus ravi en esprit au jour du Seigneur. » Il n'avait probablement pas sa radio cassette avec lui sur l'île de Patmos, et je ne crois pas qu'il écoutait le dernier CD de Hillsongs. Jean n'était, bien sûr, pas confronté avec les problèmes, difficultés et manques de notre époque.

Cependant, je suis certain que la vie spirituelle de Jean n'était pas une promenade dans le parc non plus. Il était le dernier des premiers apôtres. Il avait vu ses amis et les gens de son époque se faire martyriser à cause du message de l'Évangile et souffrant à cause de leur témoignage. Il a ensuite été lui-même jeté dans un pot d'huile bouillante dans une tentative de le faire mourir. Voyant que cela ne fonctionnait pas, ses tortionnaires l'exilèrent sur l'île de Patmos. Sa marche fut soudainement beaucoup plus difficile que la nôtre et il a pourtant persévéré et terminé la course.

C'est facile pour nous de dire que nous devons sortir de la chair et entrer dans l'Esprit, mais je pense que nous n'expliquons pas comment accomplir cela. L'auteur du livre des Hébreux décrit le processus très clairement :

Hébreux 12.1-3

Nous donc aussi, puisque nous sommes environnés d'une si grande nuée de témoins, rejetons tout fardeau et le péché qui nous enveloppe si facilement, et courons avec persévérance l'épreuve qui nous est proposée, les yeux fixés sur Jésus, qui est l'auteur de la foi et qui la mène à la perfection. Au lieu de la joie qui lui était proposée, il a supporté la croix, méprisé la honte, et s'est assis à la droite du trône de Dieu. Considérez en effet celui qui a enduré de la part des pécheurs une telle opposition contre sa personne, afin que vous ne vous fatiguiez pas, l'âme découragée.

Vous devez mettre de côté tous les fardeaux pour sortir de la chair et entrer dans l'Esprit. Quels sont ces fardeaux ? Ce sont les soucis du monde. Ce sont les choses qui nous retiennent et qui s'opposent à notre quête de liberté. Comme l'auteur l'a dit, le péché qui nous enveloppe si facilement. » Vous savez ce que cela représente dans votre vie. C'est cette chose qui surgit, qui n'arrête pas de se mettre en travers de votre chemin. Cela peut être quelque chose qui enlève notre attention de sur Dieu et la place sur des problèmes qui semblent tellement gros à nos yeux. Rappelons-nous des espions que Moïse a envoyés dans la terre promise et qui ont vu le problème plus gros que leur Dieu.

Nous devons faire face et éviter toutes les distractions si nous voulons vraiment être vainqueurs. Nous devons concentrer notre regard sur Jésus lui-même et non sur les choses du monde. Gardons notre attention sur Jésus, l'auteur de notre foi et celui qui la perfectionne. Ensuite, ces choses (et même l'ennemi qui semble si gros à nos yeux) seront éclipsées par la vue de NOTRE MERVEILLEUX GRAND DIEU.

Quelle est la grandeur de Dieu à vos yeux ? Dans quelle mesure êtes-vous concentrés sur son cœur, sa volonté, sa vision et la quête qu'il a placée devant vous ? Voyez la victoire qu'il a gagnée au milieu de toutes les souffrances et que cela soit au cœur de votre inspiration.

Dans Apocalypse 4.1, Jésus a dit à Jean (comme il nous le dit à vous et moi aujourd'hui) :

Monte ici, et je te ferai voir ce qui doit arriver dans la suite.

Il veut vous montrer les choses à venir. Voulez-vous recevoir une nouvelle révélation de ces choses ?

Le verset 2 de ce chapitre dit, « *aussitôt, je fus (ravi) en esprit* », et le résultat en fut que Jean reçut une révélation du troisième ciel.

Les cieux furent aussi ouverts pour Ézéchiel :

Ézéchiel 1.1
Les cieux s'ouvrirent, et j'eus des visions divines.

Ézéchiel 1.4-5
Je regardai, et voici qu'il vint du nord un vent de tempête, une grosse nuée et une gerbe de feu, qui répandait tout autour une clarté. Il y avait comme un éclat étincelant sortant du milieu d'elle, du milieu du feu. Au centre encore apparaissaient quatre animaux dont l'aspect avait une apparence humaine.

RECEVOIR UNE NOUVELLE RÉVÉLATION PROPHÉTIQUE DU SEIGNEUR

Je prie rarement Dieu de me donner un ciel ouvert. Pourquoi ? Parce que j'ai une alliance avec Jésus-Christ et je marche dans son amour et sa faveur. Je suis un enfant de Dieu. Grâce à l'œuvre de Jésus sur la croix, j'ai un accès immédiat au Rois des rois et au Seigneurs des seigneurs. Il n'y a pas de ciel de bronze au-dessus de moi et il ne devrait pas y en avoir un au-dessus de vous non plus (dépendant de ce que vous croyez).

Le Seigneur a enlevé toutes les barrières lorsque le voile fut déchiré en deux. Vous pouvez entrer en Esprit en tout temps peu importe où vous êtes. Même si vous deviez poser votre tête sur une pierre, sachez que cette Pierre est Jésus. Vous et moi pouvons donc dire comme Jacob a dit à Béthel, « *L'Éternel est présent dans cet endroit* » (Genèse 28.16).

Que ce soit en rêves ou en visions, par une incitation du Saint-Esprit, dans la petite voix à l'intérieur ou dans sa création qui nous entoure tous les jours, sommes-nous prêts à voir Dieu ? Avons-nous toujours besoin d'aller dans notre chambre de prière ?

Est-ce que le fait d'aller dans notre chambre de prière n'est rien de plus que de se cacher dans une caverne ? Les promesses de Dieu ne sont-elles pas « *oui* » et « *amen* » ? (2 Corinthiens 1.20). Il a dit qu'il ne nous laisserait jamais et que jamais il ne nous abandonnerait. La révélation, la lumière, la vie et la provision se trouvent en sa présence. Tout ce dont nous avons besoin, à chaque jour, tout ce qui nous rend complets se trouve en sa présence.

Lorsque Moïse aperçut le buisson ardent, il devait faire un détour pour voir ce que cela voulait dire et vous de même. Jean devait se retourner pour voir la voix qui lui avait parlé et lorsqu'il le fit, il sut ce que Dieu disait (voir Apocalypse 1.12). Habaquq devait prendre son tour de garde. C'est ainsi que vous et moi devons aussi venir dans la plénitude de la présence de Dieu, venir à lui pour recevoir une révélation fraîche. Faites tout ce qui est nécessaire pour sortir de la chair et venir en présence de Dieu afin de recevoir une nouvelle révélation.

Ensuite, croyez simplement ce que vous avez reçu. Je veux dire de vraiment croire ! Que nous recherchions une nouvelle révélation de Dieu ou une nouvelle révélation de la part de Dieu, sortons de la chair et entrons en Esprit parce que c'est là que Dieu va nous rencontrer.

Père, je prie pour une nouvelle révélation de qui tu es et une nouvelle révélation de tes voies, tes pensées et tes desseins. Je prie, Seigneur, que tu nous conduises au-delà du voile afin que nous rencontrions l'essence de qui tu es vraiment. Je prie, comme Moïse l'a fait. Seigneur que ta présence nous accompagne partout où nous allons et que nous puissions entendre ta voix dans tout ce que nous faisons.

Dans le nom de Jésus,
Amen !

Chapitre 21

CE TEMPS ET CETTE SAISON

Ecclésiastes 3.1
> *Il y a un temps pour tout, un temps pour toute chose sous le ciel.*

Esther 4.14
> *Car si tu continues à te taire en cette occasion, le soulagement et la libération des juifs surgiront d'un autre côté, alors que toi et la maison de ton père, vous périrez. D'ailleurs qui sait si ce n'est pas pour une occasion comme celle-ci que tu es parvenue à la royauté ?*

Esther était une femme que Dieu avait appelée et placée au bon endroit et au bon moment. Sa destinée était de sauver son peuple de l'annihilation. Elle a été choisie par Dieu au parfait moment pour occuper une position d'influence. Elle avait été préparée et équipée pour avoir confiance en Dieu. Grâce au jeûne et à la prière, elle entendit la voix de Dieu et elle sut quoi faire afin que la lignée de laquelle descendrait Jésus soit préservée.

L'Église est en transition et traverse une période de réforme présentement. Les cinq ministères sont rétablis à leur place et dans leurs fonctions respectives et nous entendons la voix de Dieu globalement et en unité. Le Corps de Christ est en train d'être équipé et préparé à se lever et avancer pour prendre les montagnes du marché du travail. L'objectif étant d'apporter le changement et reprendre ce que l'ennemi a volé. C'est une saison de stratégies, d'assignations et d'alignements divins. Nous devons aussi comprendre que ce qui fonctionnait il y a dix ans peut ne pas fonctionner de la même manière aujourd'hui.

De comprendre les temps et les saisons dans le cœur de Dieu fait partie du processus pour découvrir qui je suis, ce que je suis appelé à être, ce que je suis appelé à faire et à quel endroit je suis appelé à aller. La génération influente que Dieu est en train d'amener aura besoin de comprendre la nature prophétique du cœur du Seigneur, comme c'était le cas des fils d'Issacar.

1 Chroniques 12.33

Des fils d'Issacar, ayant la connaissance du discernement des temps pour reconnaître ce que devait faire Israël, 200 chefs et tous leurs frères sous leurs ordres.

Ceci est un temps, une saison où Dieu élève une génération de leaders prophétiques qui comprennent les temps qui se trouvent dans le cœur de Dieu. C'est une génération qui connaîtra sa volonté et comprendra ce qu'il veut et ce que vous, moi et le reste de l'Église devrons faire.

Cette génération de leaders sera reconnue prophétiquement comme des chevaux plutôt que des brebis. Je parle des chevaux dont il est question dans Job 39.19-25 qui sont préparés pour la bataille :

Est-ce toi qui donnes la puissance au cheval et qui revêts son cou d'une crinière flottante ?
Le fais-tu bondir comme la sauterelle ?
Son fier hennissement répand la terreur.
Il piaffe dans le vallon et se réjouit de sa force,
Il s'élance au-devant des armes ;
Il se rit de la peur, il n'est pas terrifié,
Il ne recule pas en face de l'épée.
Sur lui retentissent le carquois,
La lance étincelante et le javelot.
Bondissant d'ardeur, il dévore l'espace.
Il ne peut se contenir au son du cor,
Quand le cor sonne, il crie : Ah !
De loin il flaire la bataille,
La voix tonnante des chefs et les clameurs.

Ces chevaux n'ont pas peur. En fait, ils se moquent de la peur. Ils ne tournent pas leur dos devant l'épée. Au son de la puissante trompette, ils se lèvent et deviennent féroces et ils flairent de loin la bataille. Ces chevaux représentent les guerriers et les servantes des temps de la fin. C'est la génération de leaders apostoliques et prophétiques qui est en train de se lever pour un temps tel que celui-ci.

Le Seigneur facilite un rassemblement d'aigles, des alliances divines, des connections dorées, des relations divines, des réseaux apostoliques et des rapprochements entre les assemblées. Il va maintenant commencer à révéler sa stratégie, son plan et ses desseins. Il veut que nous passions du Réveil à l'Éveil et d'une Action à un Mouvement. Nous sommes les moissonneurs, nés pour la récolte, destinés à la récolte, fléchissant le genou uniquement devant le Seigneur de la Récolte. Qui est-il ? Il est le Seigneur des Armées, qui est puissant à la bataille, un homme de guerre, et l'Éternel est son nom (voir Exode 15.3).

Je l'ai dit, plusieurs fois, que nous nous tenons sur le seuil de la plus grande récolte que l'homme ait jamais connue et aussi de la plus grande bataille, la grande bataille des temps de la fin, la saison dont tous les prophètes ont parlée. Son temps est MAINTENANT !

Vous et moi, qui sommes prophétiques et faisons partie de cette génération de la récolte, avons besoin de rechercher le Seigneur de tout notre cœur et de toute notre âme. Tous mes leaders à Eagle Worldwide Ministries, nos chefs de département, ceux qui sont pasteurs et qui président une église et nos ministères d'évangélisation recherchent le Seigneur présentement. Joignez-vous à nous afin qu'il puisse vous donner la direction, cette stratégie spécifique, cet espoir spécifique dont vous avez besoin.

A chaque période de Noël, nous entendrons sûrement l'histoire de Noël, mais tout comme les hommes parlent des hommes sages du passé, rappelez-vous de ceci : les hommes et les femmes sages recherchent encore Dieu pour recevoir des révélations et des stratégies, que ce soit au niveau personnel comme au niveau corporatif et pour le royaume de Dieu. Notre Dieu est un Dieu personnel et maintenant, plus que jamais dans l'histoire de l'humanité, nous avons besoin d'entendre sa voix pour être dirigés par son Esprit.

Nous devons implanter ses plans et ses stratégies une fois que nous avons entendu sa voix. Nous devons prendre sa Parole (que ce soit le logos, la Parole écrite ; le prophétique, une parole parlée ou le rhéma : une parole personnalisée) l'utiliser avec succès pour faire avancer le royaume de Dieu ici sur la terre.

Encore une fois, Dieu est très intéressé à vous voir réussir, autant spirituellement que naturellement. Il veut vous bénir et vous faire prospérer comme votre âme prospère. Cette prospérité va provenir de la Parole et de l'Esprit travaillant ensemble dans votre vie.

Oui, Dieu est intéressé par votre succès. Il a dit ceci :

Josué 1.8

Ce livre de la loi ne s'éloignera pas de ta bouche ; tu y méditeras jour et nuit pour observer et mettre en pratique tout ce qui y est écrit, car c'est ainsi que tu mèneras à bien tes entreprises, c'est alors que tu réussiras.

Seigneur, je prie que nous puissions être des gens qui connaissent les temps et les saisons comme les fils d'Issacar et que tu nous montres clairement ce que tu es en train de faire dans le monde aujourd'hui, pas seulement dans nos vies et nos communautés, mais aussi chez les autres peuples, villes et nations.

Père, je prie que, même si nous sommes préparés et équipés, nous suivions tes plans et tes stratégies. Nous te recherchons de tout notre cœur et savons que nous sommes à la veille d'entrer dans les temps les plus excitants de l'histoire. Puissions-nous continuellement rechercher ta direction pour recevoir des assignations et alignements divins.

Dans le nom de Jésus,
Amen !

Chapitre 22

L'IMPORTANCE DES PORTES SPIRITUELLES ET LEURS GARDIENS

1 Chroniques 12.33
> *Des fils d'Issacar, ayant la connaissance du discernement des temps pour reconnaître ce que devrait faire Israël, 200 chefs et tous leurs frères sous leurs ordres.*

Nous venons de traverser une saison lors de laquelle le Seigneur a appelé des gardiens des portes prophétiques et des veilleurs prophétiques. Anciennement, on bâtissait des murs autour des cités pour les protéger. Il y avait des portes dans ces murs et des gardiens étaient assignés pour les garder.

Aux portes principales de ces murs se trouvaient des tours et des veilleurs s'y tenaient pour déclencher l'alerte si un danger s'approchait. Vous pouvez voir les ruines de ce genre de murs au Moyen Orient et aussi en Europe.

Il est intéressant de noter que Pierre a guéri l'homme infirme à la porte appelée La Belle et que cinq milles personnes se sont converties à Jésus ce jour-là. Les portes sont importantes et ce qui s'y passe est aussi important.

Le Seigneur a parlé à travers des prophètes et ses intercesseurs pour préparer la voie qui mène à des portes d'influence afin qu'émerge une génération qui reçoit présentement l'équipement nécessaire pour être offensive et prendre d'assaut les portes de l'ennemi. Par le Saint-Esprit, nous entendons le son de la victoire et des ordres d'avancer. Au même moment, les gardiens des portes et les veilleurs parmi le peuple de Dieu travaillent tous ensemble dans l'Esprit pour faire arriver sa volonté sur cette planète.

Dieu m'a donné une révélation importante au sujet des portes spirituelles, des gardiens des portes et des veilleurs la veille du Jour de l'An il y a plusieurs années de cela. Le Seigneur avait dit qu'il allait prendre d'assaut les portes de l'ennemi dans les jours à venir.

Les portes spirituelles sont des portails, des entrées et des sorties dans les cités, les nations, les groupes de personnes et les dénominations et même des sept montagnes de la société – les domaines d'influence tels que l'éducation, le gouvernement, les affaires, les média, le divertissement, etc. Les portes peuvent être des individus, des endroits, un point d'entrée, un point d'importance, un point d'impact et/ou une place de conflit. Les batailles spirituelles font rage dans ces portes.

Les portes des murs de l'ancien temps étaient aussi des endroits de rassemblement (voir Proverbes 1.21). C'était des endroits où les lois étaient lues à voix haute, un endroit de proclamation (voir Néhémie 8.1-3). Ces portes étaient aussi un endroit où les prêtres et les prophètes délivraient leurs discours et prophéties. Les criminels étaient punis à l'extérieur des portes des cités (voir Ésaïe 29.21)

Comme les portes étaient des positions d'une grande importance, elles étaient gardées attentivement et fermées la nuit (Deutéronome 3.4 et Josué 2.5-7). Tout cela est d'une signification profonde pour nous.

Il est important que nous comprenions les portes, les gardiens des portes et les veilleurs, leurs différences et leurs desseins. Le Bible dit que son peuple est détruit faute de connaissance. Il y a une bataille présentement et elle est particulièrement féroce aux portes.

Il y a des villes comme Ellis Island à New York, Niagara et Fort Erie qui sont des passerelles importantes. Ottawa et Washington DC, en tant que capitale de leurs nations respectives, sont des passerelles importantes pour ces nations et des endroits de discours politiques.

Hollywood, Nashville et Niagara Falls sont des passerelles pour le divertissement.

Un peuple tel que les Premières Nations et les Inuits peuvent certainement servir de gardiens des portes pour une nation ou une zone.

Wall Street et Bay Street sont des places d'influence pour les finances et l'économie des sociétés.

Dieu organise présentement des rendez-vous divins, des alliances et des connections en or. Il nous donne des stratégies – des stratégies divines du comment, quand, où et qui. Nous avons, cependant, besoin du discernement spirituel.

Je crois que les leaders spirituels de la génération actuelle seront oints comme les fils d'Issacar. Nous avons, non seulement besoin de discernement spirituel et de sagesse, mais nous avons aussi besoin de compréhension spirituelle afin de connaître les desseins de Dieu pour nous personnellement et pour notre génération.

Nos portes modernes ont autant de signification et d'importance que les portes anciennes. Elles peuvent favoriser ou empêcher le flux commercial. Elles peuvent limiter, fermer et contrôler l'activité et la circulation spirituelles.

Ésaïe a parlé de l'Église qui se levait pour dominer, être en autorité et faciliter la récolte. Au cœur de cette récolte, les portes doivent être gardées continuellement ouvertes afin de permettre que toute la récolte soit moissonnée.

Esaïe 60.11

Tes portes seront toujours ouvertes, elles ne seront fermées ni le jour ni la nuit, afin de laisser entrer chez toi les ressources des nations et leurs rois avec leur suite.

Les portes étaient aussi des endroits de louange :

Psaumes 100.4

Entrez dans ses portes avec reconnaissance, dans ses parvis avec la louange ! Célébrez-le, bénissez son nom !

Les portes étaient des endroits de combat.

L'IMPORTANCE DES PORTES SPIRITUELLES ET LEURS GARDIENS

Genèse 22.17

Je te comblerai de bénédictions et je multiplierai ta descendance, comme les étoiles du ciel et comme le sable qui est au bord de la mer. Ta descendance aura le contrôle de ses ennemis.

Le Seigneur nous a dit que dans le combat spirituel nous devons d'abord lier l'homme fort et ensuite piller sa maison (voir Matthieu 12.29). Nous devons, de la même manière, mener la bataille aux portes pour prendre le territoire.

TYPES DE PORTES DANS LES ÉCRITURES

- Les portes de nos ennemis (Genèse 22.17)
- Les portes de ceux qui nous haïssent (Genèse 24.60)
- Les portes du Ciel (Genèse 28.17)
- Les portes de la justice (Psaumes 118.19)
- Les portes de l'enfer (Matthieu 16.18)
- Les portes de l'âme (Luc 22.3) (Satan en entrant dans Judas. Cela suggère qu'il y a une entrée, une porte ou une barrière).
- La porte de notre cœur (Apocalypse 3.20) (Jésus frappe à la porte de notre cœur. Allez-vous lui ouvrir afin qu'il entre ?)

QUI ÉTAIT AUX PORTES ?

Les veilleurs faisaient partie de ceux qui étaient aux portes. Qui d'autre pourrions-nous trouver à cet endroit ? Les anciens, les commerçants et les gens d'affaires. Les veilleurs et d'autres guerriers spirituels étaient les personnes les plus importantes à cet endroit puisqu'ils comprenaient comment combattre l'ennemi et protéger la ville.

J'espère que ces informations vous apportent une perspicacité spirituelle qui vous aidera à reconnaître les portes qu'il faut garder et celles qui doivent être prises d'assauts.

Nous avons besoin de connaître le « pourquoi », « le but » et le « comment » si nous sommes appelés à être des gardiens des portes et des veilleurs sur le mur. Autrement dit, si nous sommes appelés à intercéder et protéger le peuple de Dieu et sa Maison, nous avons besoin de cette connaissance. Nous avons aussi besoin de savoir contre « qui » nous gardons les portes ?

Lorsque je vais dans une nation ou un groupe en particulier, je sais qu'il y a plusieurs manières différentes d'y entrer. Lorsque le Seigneur m'a envoyé dans le ministère, il m'a dit de rechercher les gardiens des portes, des personnes d'influence et en autorité. Il y a des moments où je serai appelé à faire du ministère à des rois ou autres leaders ou dignitaires, mais j'ai d'abord besoin d'accéder à leurs portes et pour cela je dois entrer en relation avec leurs gardiens des portes.

Il y a une manière adéquate d'entrer pour ceux qui sont envoyés. Moi, par exemple, je veux être celui qui est envoyé et non quelqu'un qui se présente. Je veux connaître Celui qui ouvre le chemin encore mieux dans les jours à venir. Il peut ouvrir un chemin où il n'y a pas.

Notre don peut nous ouvrir un chemin et par notre appel nous serons correctement positionnés. Nous devons savoir qui nous sommes et ce que nous sommes appelés à faire. Nous

L'IMPORTANCE DES PORTES SPIRITUELLES ET LEURS GARDIENS

aurons sûrement la victoire aux portes si nous apprenons à travailler ensemble, à coopérer dans l'Esprit en unité, chacun accomplissant le travail qui lui a été assigné, remplissant notre rôle et répondant à l'appel.

> Seigneur, je te remercie pour les gardiens des portes et les veilleurs. Merci pour ceux qui se lèvent en intercession et qui sont au front dans la bataille spirituelle, ceux qui, comme Jean Baptiste, ont préparé un chemin.
>
> Père, je prie afin que ton peuple ait encore plus de discernement, qu'il reconnaisse les signes des temps et leur sphère d'influence. Je prie que leur compréhension des portes de leurs maisons, communautés et leurs nations les motivent à veiller et protéger, reprendre l'héritage qui est, sans contredit, à nous.
>
> Dans le nom de Jésus,
Amen !

Chapitre 23

OÙ SONT MES ÉLIE ?

2 Rois 2.14
Où est l'Éternel, le Dieu d'Élie ?

Élisée a posé cette question, mais Dieu nous pose une autre question aujourd'hui. Il dit, « Où sont Mes Élie ? » Il veut dire par là, « Où est le peuple de Dieu qui ne craint aucun homme ? Où sont ceux qui combattent la complaisance dans l'Église, ceux qui sont prêts à se tenir debout et être dénombrés, ceux qui sont des flammes vivantes en marche, ceux qui vont être une voix prophétique pour leur génération ? » Dieu recherche des personnes volontaires parce qu'il élève une nouvelle race qui apportera une révolution sur la terre.

Élie était quelqu'un de radical dans son temps et les Élie qui sont élevés présentement seront radicaux aussi. Ils auront une foi et un style de vie extrême. Après tout, Jésus était radical aussi. Il était extrême dans sa foi. Il a même craché dans la terre, en a fait une boue qu'il a ensuite mis sur les yeux d'un homme aveugle. Il a dit et fait des choses qui offensaient les gens parce que cela leur perçait le cœur.

Êtes-vous prêts à être radicaux ? Êtes-vous prêts à faire descendre le feu du ciel sur l'injustice et le péché, à renverser les autels des faux dieux et en bâtir des nouveaux au vrai Dieu vivant ? Il recherche des personnes fidèles à leur appel. Ceux qui sont prêts à tout risquer et déterminés à être prophétiques pour changer le monde.

J'ai entendu le Seigneur dire, « Où sont mes Élie ? » et j'ai su, comme jamais auparavant, qu'il s'attend à ce que vous et moi, nous nous levions debout dans l'Esprit d'Élie pour la plus grande récolte que l'homme n'a jamais connue. Les champs sont prêts pour la moisson. Êtes-vous prêts à moissonner ?

Jacques a écrit :

Jacques 5.16-17
La prière agissante du juste a une grande efficacité. Élie était un homme de même nature que nous : il pria avec instance pour qu'il ne pleuve pas, et il ne tomba pas de pluie sur la terre pendant trois ans et six mois.

Avez-vous réalisé que Élie était un homme « *comme nous* ». Il n'était qu'un homme, mais un homme que Dieu pouvait utiliser pour confronter ce qui se produisait dans le monde de son temps.

Comment était le monde dans le temps de Élie ? Le peuple d'Israël s'était détourné du Dieu de leurs pères et servait Baal. Les ténèbres avaient couvert la terre et l'obscurité avait couvert le territoire. Le cri du cœur de Dieu était que son peuple revienne à lui, le Dieu d'Abraham, Isaac et Jacob ! Ce même cri vient encore du cœur de Dieu aujourd'hui.

Dieu recherche un homme, une femme, une génération prophétique qui va se tenir dans la brèche et construire une clôture. Le Dieu de Élie est toujours sur le trône et il recherche de nouveaux Élie pour démontrer sa puissance, défendre la sainteté et appeler les autres à se lever pour Dieu !

Ézéchiel a été appelé à prophétiser sur la vision des os desséchés que Dieu lui donna :

Ézéchiel 37.4-5

Il me dit : Prophétise sur ces os ! Tu leur diras : Ossements desséchés, écoutez la parole de l'Éternel ! Ainsi parle le Seigneur, l'Éternel, à ces os : Voici que je vais faire venir en vous un esprit, et vous vivrez.

C'est l'appel que Dieu a pour nous. Il veut que nous parlions à cette génération en Amérique du Nord peu importe où vous êtes. Pour ce faire, vous avez besoin d'avoir un cœur qui plaît à Dieu et avoir confiance dans le Seigneur, car c'est ainsi que vous trouverez toujours une tribune aujourd'hui.

Nous avons, présentement, beaucoup trop d'hommes morts qui prêchent des messages morts à des gens morts. Des femmes et des hommes vides qui imposent des mains vides sur des têtes vides et qui devraient être surpris de ne rien voir arriver ? Nous devons recevoir l'onction pour fonctionner par le Saint-Esprit et ensuite nous ne devons pas craindre d'avertir ceux que Dieu nous appelle à guider.

Recherchez l'onction parce que l'onction brise le joug. Recherchez-la comme vous ne l'avez jamais recherchée jusqu'à maintenant. Cette génération a besoin de l'onction. Un sermon né dans la pensée rejoint la tête, mais un sermon né de l'Esprit va atteindre le cœur. Si nous sommes des Élie appelés par Dieu présentement, cela veut dire que nous allons prêcher un message oint qui va produire des gens spirituels.

A.W. Tozer a ainsi décrit un prédicateur : « un homme qui est probablement drastique, radical, et même possiblement violent à certains moments. » L'Église le qualifierait rapidement comme étant extrême, fanatique, négatif et sans peur. Aurions-nous peur de proclamer la vie dont les os desséchés avaient besoin ? Dieu recherche un prophète pour cette génération. Il crie même en ce moment :

OÙ SONT MES ÉLIE ?

Nous avons besoin d'un prophète, pas seulement un prédicateur, un enseignant ou un pasteur. Un prédicateur ou un pasteur va aider tout le monde et ne blessera personne, mais un prophète va remuer tout le monde et en fâcher certains. Un prophète n'est habituellement pas reçu dans sa propre ville. Il va prêcher contre le péché et confronter l'Église au sujet de sa complaisance. Leonard Ravenhill a dit, « Nous essayons trop souvent de plaire aux hommes au lieu de plaire à Dieu. Au lieu d'être des pêcheurs d'hommes, nous pêchons les compliments des hommes. »

Je suis tellement éteint par la routine dans l'église actuelle que je recherche le Dieu de Élie afin qu'il se manifeste par des signes, des prodiges et des miracles. Je m'attends à lui pour me délivrer de cette poursuite de l'homme et de l'institution de « l'église ». Donne-moi le réveil Seigneur ou viens me chercher.

Élie avait des enfants spirituels qui étaient d'autres prophètes. Il avait, bien sûr, son Élisée (voir Malachie 4 et 5). C'est ce pourquoi je vis et ce dont j'ai besoin aujourd'hui – le feu du réveil, la faim dans les cœurs, le feu qui ne s'éteint jamais et la naissance d'une nouvelle génération de prophètes.

Où sont les Duncan Campbells, les William Seymours, les Smith Wigglesworths et les Charles Parhams d'aujourd'hui ? Où sont les Paul qui sont prêts et veulent connaître Christ dans ses souffrances ? Avons-nous faim de l'acceptation de l'homme à un point tel que nous ne connaîtrons jamais Christ dans sa plénitude ?

Aucun homme n'est complètement accepté aussi longtemps qu'il n'aura pas été complètement rejeté. La confession de Paul devant le roi Agrippa est celle que je veux, que je n'ai pas été infidèle à la vision céleste. Il s'est tenu devant le roi avec sa tête à moitié entrée dans la gueule du lion et le roi fut impressionné. Ce dernier lui a dit, « Encore un peu, tu vas me persuader de devenir chrétien » (Actes 26.28). Il y a beaucoup de gens qui sont dans la situation du roi Agrippa. Ils sont presque persuadés.

Festus dit à Paul le même jour : « *Tu es fou Paul ! Ta grande érudition te pousse à la folie !* » (Actes 26.24).

Paul a répliqué, « Je ne suis pas fou très excellent Festus répliqua Paul ; ce sont, au contraire, des paroles de vérité et de bon sens que j'exprime » (verset 25). Est-ce qu'il y a quelqu'un, aujourd'hui, qui enseigne l'Évangile éternel d'une manière qui pousse les gens à le traiter de fou ? Où sont les Élies ?

OÙ SONT MES ÉLIE ?

Duncan Campbell a déclaré qu'un baptême de sainteté, la démonstration d'une vie pieuse étaient les besoins criants de son époque. Il est mort en 1972. Charles Finney a dit, « Le réveil n'est pas plus un miracle qu'une récolte de blé. » Produisons-nous notre récolte pour cette moisson des temps de la fin ?

Le réveil se produit lorsque des saints héroïques s'exclament et entrent dans la bataille, déterminés à gagner ou mourir. Où sont les Élies ? Qui va se lever et parler aux os desséchés qui représentent l'Église d'aujourd'hui ? Serez-vous un Élie pour votre génération ? Allez-vous oser Vivre dans le prophétique ?

> Père, je prie pour cette génération. Seigneur, je prie que nous nous tenions dans l'esprit de Élie, que nous venions contre les puissances des ténèbres et ceux qui servent de fausses idoles. Seigneur, je prie que le même Esprit d'audace qui est venu sur ton peuple dans le livre des Actes vienne sur nous. Puissions-nous marcher dans ta force et vêtus de ton courage, alors que nous nous tenons debout pour la droiture.
>
> Dans le nom de Jésus,
> Amen !

BIBLIOGRAPHIE

C'est par la révélation de la part du Seigneur que provient la plus grande partie des enseignements et du matériel que j'ai reçus prophétiquement au fil des années. Je voudrais aussi remercier et reconnaître certains enseignants dont les enseignements et les écrits ont eu un impact et desquels j'ai glané durant mon périple prophétique.

Cooke, Graham. *Developing Your Prophetic Gifting*. Ada, MI: Revell, 2003

Hammond, Bill. *Apostles, Prophets, The coming Moves of God and Day of the Saints*. Shippensburg, PA: Destiny Image Publishers, 1997.

Heflin, Ruth Ward. The Glory series: *Glory, River Glory, Revelation Glory, Golden Glory, Unifying Glory* and *Harvest Glory*. Hagerstown, MD: McDougal Publishing.

Heflin, Wallace. *The Power of Prophecy*. Hagerstown, MD: McDougal Publishing, 1996.

POUR CONTACTER L'AUTEUR

Vous pouvez contacter l'auteur des manières suivantes :

Par courriel :
Bro.russ@eagleworldwide.com

Par téléphone :
+1 905 308 9991

Par courrier :
PO Box 39
Copetown ON L0R1J0
Canada

Sur Facebook
facebook.com/eagleworldwide
facebook.com/russ.moyer.52

Son siteweb :
www.eagleworldwide.com

TRANSFORMATION

Impact

...your Christian Walk

- Days of War & Roses
- Night Watch
- Living on the Prophetic Edge
- Razing Hell
- Leading on the Prophetic Edge
- Can These Bones Live?
- Just to Ponder not to Preach

$15 *Each

Visit our Online store www.EagleWorldwide.com for more resources

EAGLE WORLDWIDE RETREAT & REVIVAL CENTRE

SUMMER CAMP TENT REVIVAL

July through August
8 Powerful Weeks of Revival
Every Night @ 7:00pm

Specialty Schools
School of the Prophets
School of Freedom and Healing
School of the Supernatural

Location: 976 Hwy 52 Copetown ON L0R 1J0
Call for more details 905 308 9991
www.EagleWorldwide.com

WINTER CAMP REVIVAL GLORY

February/March
10 Powerful Days of Revival Glory
Every Night @ 7:00pm

Specialty Schools
School of the Prophets

The Dwelling Place
7895 Pensacola Blvd Pensacola FL 32534
Call for more details 850 473 8255
www.TheDwellingPlaceChurch.org

EAGLE WORLDWIDE NETWORK

CREDENTIALING & SPIRITUALLY COVERING

Ministers
Marketplace Ministers
Traveling & Itinerant Ministers
Missionaries
Churches
Church Networks
Home Churches
Outreach Ministries
And more...

GOVERNING OFFICIAL
PASTOR MAVE MOYER

NETWORK COORDINATOR
PASTOR JOANNA ADAMS

CREDENTIALS AVAILABLE

Certified Practical Minister
Licensed Minister
Ordained Minister

OFFICE@EAGLEWORLDWIDE.COM

INTERNATIONAL COALITION OF PROPHETIC LEADERS

THE INTERNATIONAL COALITION OF PROPHETIC LEADERS is an alliance of fivefold ministers operating in the office gift of the Prophet, from Ephesians 4:11-12, who have chosen to walk in covenant relationship with one another and in alignment with the apostolic movement.

Our primary interest is the restoration of the office gift of the Prophet and the gift of prophecy to the church with character, integrity and proper biblical protocol.

APOSTOLICALLY LED & PROPHETICALLY INFLUENCED

ICPLeaders.com

The KING'S WAY
EAGLE WORLDWIDE COMMUNITY ENRICHMENT

Our dedicated team of volunteers work together to provide
Hot Meals
Clothing
Toiletries & Basic Household Items

We also provide quality programming designed to

EMPOWER & EQUIP
individuals to have a better quality of life and make a

POSITIVE IMPACT in their community.

The King's Way
649 King Street East
Hamilton . ON . L8N 1E5

Centre   905 296 9473

ALifeAtATime.com

TRANSFORMING OUR COMMUNITY
A LIFE AT A TIME!

www.ingramcontent.com/pod-product-compliance
Lightning Source LLC
LaVergne TN
LVHW041615070426
835507LV00008B/245